Dissertations

Parenteau - Derbergnon

FACULTÉ DE DROIT DE POITIERS.

DES

RAPPORTS A SUCCESSION

EN DROIT ROMAIN ET EN DROIT FRANÇAIS.

DISSERTATIONS

PRÉSENTÉES

A LA FACULTÉ DE DROIT DE POITIERS

POUR OBTENIR LE GRADE DE DOCTEUR

ET SOUTENUES

Le vendredi 3 août 1855, à 2 heures et demie de l'après-midi,

DANS LA SALLE DES ACTES PUBLICS DE LA FACULTÉ,

Par Émile Parenteau-Dubeugnon,

AVOCAT,

Né à la Rochelle (Charente-Inférieure).

POITIERS,

IMPRIMERIE DE A. DUPRÉ,

RUE DE LA MAIRIE, N° 10.

—

1855.

COMMISSION :

PRÉSIDENT,   M. FEY.

SUFFRAGANTS,   M. GRELLAUD ✠,
               M. ABEL PERVINQUIÈRE ✠,   } Professeurs.
               M. RAGON,
               M. LEPETIT,   Suppléant.

Vu par le président de l'acte, FEY.

Vu par le doyen, FOUCART ✠.

Vu par le recteur, DE LA SAUSSAYE ✠.

« Les *visas* exigés par les règlements sont une garantie des principes
» et des opinions relatives à la religion, à l'ordre public et aux bonnes
» mœurs (*Statut du 9 avril* 1825, *art.* 41), mais non des opinions
» purement juridiques, dont la responsabilité est laissée aux candidats.

  » Le candidat répondra en outre aux questions qui lui seront faites
» sur les autres matières de l'enseignement. »

A MON GRAND'PÈRE,

PREMIER PRÉSIDENT HONORAIRE

A LA COUR IMPÉRIALE DE POITIERS.

A MON PÈRE ET A MA MÈRE.

A MES FRÈRES ET A MA SOEUR.

DROIT ROMAIN.

DE COLLATIONIBUS.

In antiquo jure Quiritium, collationi locus non erat. Intestatorum successio hanc juris institutionem constituere non ferebat.

Etenim postquam Romulus partes civibus addixit, constitutionis lege, bona a familia ad familiam transire non licuit ; et patricia voluntas liberos in potestate, sive hæredes suos, et proximos virili sexu civiliter conjunctos, sive agnatos, hæredes tantum admisit.

Hæ leges vere romanæ, quas Duodecim Tabularum conditores acceperunt, non naturalem, sed civilem tantum familiam in successionem introducebant, nec inde collatio poterat exsurgere, nam sui patri acquirebant, et omnes eodem jure vocabantur.

At breviter patria potestas sola successionis non fuit causa. Prætor, naturali æquitate motus, emendandi juris civilis gratia, non hæreditatem novam fecit, sed bonorum possessionem creavit, et emancipati perinde ac si in potestate parentis tempore mortis fuissent, una cum hæredibus suis concurrerunt.

Hæc emancipatorum vocatio collationis origo fuit. Æqua enim bonorum possessione accepta vel unde liberi, vel contra tabulas, patris hæredes emancipatus afficiebat injuria duplici. 1º Partem auferendo, paternam hæreditatem minuebat, et hæredes sui quam promiserat lex Duodecim Tabularum non inveniebant. 2º Quidquid liberi in potestate acquirebant, patri accedebat, et partem conquæstus auferebat emancipatus, cum vero ut sua ferebat quæque acquisierat a mancipatione ad extremum parentis spiritum. Eadem igitur æquitate motus, prætor vocatos emancipatos, naturali jure intercedente, jussit bona sua conferre et similes fieri suis hæredibus. Consequens esse credidit ut sua quoque bona in medium conferrent qui paterna peterent.

Similiter cum easdem bonorum possessiones acceperunt filii in adoptionem dati, eædem collationi fuerunt obnoxii vel per se, si sui juris erant effecti, vel per eum cujus erant in potestate.

Collatio venit in hæreditate Orphitiana.

Cognatorum ordinem egressi super quem prætores eos extrahere non fuerunt ausi, quia in familia aviti materni non erant nati, cum D. Valentiniani constitutione vocati fuerunt filiarum hæredes una cum suis, deducta tertia parte matri debita, vel quarta si cum agnatis, et cum Justinianea voluntate matris locum in totum sunt subingressi, collationis vinculum eis impositum fuit.

In solis generibus successionis collationi locus erat ubi possessio dari poterat unde liberi. Ascendentibus imponi tanta æquitas non decebat; nec ab eis ex latere venientibus collatio peti potest. Eis tantum quibus ut hoc fieret specialiter legibus expressum est.

Liberorum in collationem vinculum, romanæ legis inge-

nium, in supremo juris exitu, testamentariam successionem
invasit. V. l. 1., C. de col. hanc Alexandri constitutionem
continet (5 idarum jul. **225**). Emancipatos testamento
scriptos a patre donata fratribus conferre, si pater ut hoc fiat
supremis judiciis non caverit, manifesti juris est. Et in res-
cripto Dioclet. et Maxim. (l. 10, C. de col.) a patre verbis
precariis in codicillis relictum, extero jure capiens filia, dotis
ad collationem urgeri non potest.

At in anno 537, novella 18, c. 6, Justinianus ait: Nos san-
cimus sive quispiam intestatus vel testatus moriatur, quoniam incertum est ne forsan oblitus datorum, aut præ tu-
multu mortis angustiatus, hujus non est memoratus, omnino
esse collationes, nisi expressim designaverit ipse se velle non
fieri collationem.

Unde nova regula : ex testamento esse collationem nisi
testator esse noluerit; nec interest inter causam testati et intestati successoris.

I.

INTER QUOS LOCUM HABEBIT COLLATIO.

§ I.

Qui conferre debeant.

Collationis origo fuit remedium injuriæ suos afficientis,
postquam receperant bonorum possessionem vel unde liberi,
vel contra tabulas, emancipati. Isti tantum in principio col-
tationi fuerunt obnoxii. Sui enim nihil proprium habebant,
et peculii vel quasi patrimonii patris vita vel benevolentia

limitati collatio non erat, nam quasi res communis divide-
batur.

Paulatim jure potestatis minuto, collationis leges muta-
verunt.

Quidquid castrense vel quasi castrense habuisset emancipatus, si remansisset in potestate, sibi retinebat, nam patri
non acquisivisset. Adventitia quoque bona a collatione fuerunt excepta, et tantum ea quæ profectitia dicuntur conferenda remanserunt. L. ult. C. de col.

D. Pius rescripsit : filia-familias si modo se bonis paternis misceat, dotem conferre debebit, etiamsi bonorum
possessionem non petat (l. 1, D. de col. dot.), nisi patris testamento fuerit hæres instituta (l. 7, C. de col.).

In anno 467, Leo imperator dotem et donationem ante
nuptias (αντιφερνη), æqua lance respexit, et utramque jussit
conferendam.

Ante Constantini rescriptum, adventitia dos conferebatur,
sed postea profectitiæ tantum dos aut ante nuptias donatio
fuerunt conferendæ.

Observandum autem adventitiam collatam fuisse suis tantum, et profectitiam etiam emancipatis.

Leonis constitutio collationis eventum auxit in Orphitiana
successione, et ea voluit conferri quæ dote vel ante nuptias
donatione proficiscebantur à matre. Inde naturaliter evenit
conferri etiam in hæreditate eorum quos nullum juris vinculum successoribus junxerat.

Collationis onus etiam ad hæredes eorum quos obligatio
tenebat transmittebatur. L. 2, D. de col. bon.; l. 14, C.
eod. tit. Et posthumum nepotem emancipati filii nomine,
post avi mortem editum, patruis collationem debere juris
erat.

Cum imperatorum constitutio Valentiniani, Theodosii et

Arcadii (589) (l. 6, t. 55; C. l. 9), Orphitianum etiam hæreditati avi vel aviæ maternæ junxit , multa orta est dubitatio de conferenda dote vel ante nuptias donatione quam defuncta persona pro filio vel filia superstitibus et pro mortuo vel mortua filio vel filia dedisset. Nepotes vero resistebant, et imo adserebant quod opus collationis constitutione Arcadii et Henorii (*v.* sup.) sibi impositum, in personis tantum suorum avunculorum non etiam patruorum , vel amitarum, vel materterarum locum habere possit. Quam subtilitatem juris amputans Justinianus præcepit tam filios vel filias defunctæ personæ dotem vel ante nuptias donationem a parentibus suis sibi datam conferre nepotibus vel neptibus , quam eosdem nepotes vel neptes patruis suis aut avunculis, amitis etiam et materteris dotem vel ante nuptias donationem patris suis vel matris, quam pro eo vel ea mortua persona dedit, similiter conferre. L. 19, C. de col. (528).

Quod autem abrogavit (557) nov. 18, c. 4, unde venit auth. Quæ tertiæ portionis deminutio correctionem novo jure capit ad æqualitatis justitiam redacta in omnibus talibus personis. Non ferebat enim feminam a masculo in talibus minui, neque enim masculus in se, neque femina solum ad nativitatis propagationem est sufficiens, sed sicut utrumque eorum coaptavit Deus ad generationis opus. Ita etiam imperator eamdem utriusque servavit hæreditatem.

§ II.

Quibus conferri oporteat.

Emancipati cum his qui in potestate fuerunt bona sua conferre jubentur. L. 3, § 3, D. de col. Horum enim tantum emancipatus concursu partem minuebat, eis tantum fieri similis debebat.

Collatio igitur emancipatis non debetur, et neu pars eorum sit aucta; potius hæredum personæ quam hæreditati confertur (jus Pandectarum).

Diocletianus et Maximus imperatores attestantur (l. 11, C. de col.), posthumo præterito patris testamentum rumpenti, atque ab intestato succedenti, emancipatum petita bonorum possessione conferre debere perpetuo edicto caveri; nam cum his etiam qui sui futuri essent si vivo patre nati fuissent, conferre debere manifeste significatur.

Si vero prægnans uxor derelicta ventris nomine fuerit in possessionem missa? Interim cessat collatio, nam antequam nascatur, non potest dici in potestate morientis fuisse; sed nato tantum confertur (l. 12, D. de col.). Ideo venter non semper habetur pro nato.

Si controversiam facit impuberi qui se filium et in potestate patris fuisse dicit? Bonorum possessione ex edicto Carboniano accepta, ei bona confert emancipatus (l. 5, § 1, D. de col. bon.); sed exacta cautione ut victus, sicut hæreditatem, ita et quæ collata sunt, præstet.

Confertur etiam cum prætor restitutione in integrum successores in pristinum statum reponit (arg. l. 8, D. de col. bon.); nonnunquam enim prætor consilium variantem non aspernit.

Non omnibus suis confertur, sed iisdem tantum quibus emancipatus aliquid aufert ex bonis paternis.

Cum in jure prætorio emancipatus conjungebatur in portionem unam liberis ejus in potestate retentis, iisdem tantum conferebat, nec fratribus suis, eis enim nihil auferebat.

In antiquo jure instituti testamento emancipati non conferebant. Nam ex l. 1, C. de col.; l. 6, C. de col. dot., nullam suis injuriam faciebant; partem obtinebant non ut liberi, sed ut extranei, veniebant exterorum jure.

Collationi subjectos fuisse institutos emancipatos quidam intenderunt. Controversia nascitur e l. 2 et 5 de col. dot.; l. 7, C. de col. Inde credimus in antiquo jure institutos emancipatos non contulisse, nisi duobus casibus exceptis : auctore jubente, vel parte testamentaria bonorum possessione aucta. Sed jus illud mutavit novella 18, c. 6 (557), unde venit auth. ex testamento.

Perlata inofficiosi querela exhæredati conferunt. L. 17, C. de col., quam per legem 29, C. de in test., confirmavit Zeno, dotem in quartam imputans.

Olim emancipatus conferebat pro ea parte quam bonorum possessio majorem dabat quam habuisset judicio parentis extremo (l.1,§6,de col.bon.); non vero majorem quam adimit. Ergo l. 1, § 2, D. de col. bon., si ex dodrante fuit institutus filius qui erat in potestate, et extraneus ex quadrante. Emancipatum accipientem contra tabulas pro quadrante tantum bona sua collaturum, Julianus ait, quia solum fratri quadrantem abstulit.

Æquitas autem collationem prohibet cum emancipatus hæredibus suis commodum affert, veluti si testamentum rumpit, quo legitima tantum eis relinquebatur (l. 1, § 4, D. de col.bon.). Inique postularet hæres suus ab emancipato propter quem amplius hæreditate paterna est habiturus; et eadem ratio consequi debet si exhæredatio sui, vel extranei institutio vana per emancipatum fuerit facta.

Observandum autem si suus hæres institutus, titulo contentus, possessionem bonorum amittat, emancipatus ei conferat, non ex subtilitate, sed ex edicti potestate, quia facit injuriam.

An transferatur collationis commodum? Julianus ita

distinguit (I. 1, § 8) : si bonorum possessione accepta
decesserit is qui, in potestate est, ad collationem bonorum
cogetur emancipatus, ut tantum hæredi filii conferat quantum fratri conferret si viveret. Si ante acceptam bonorum
possessionem decesserit suus hæres, hæredem ejus prætor
tueri debebit pro ea parte qua scriptus erat hæres, non tamen
ultra virilem. Ad collationem autem non admittit eum in
hunc casum, quia bonorum possessio non est admissa. Suus
quidem si vixisset, res evenissent aliæ; sed agitur de jure per-
sonali in personam hæredis non transeunte, et jus obtinendæ
collationis possessioni bonorum inhæret. Prætor institu-
tum tuetur, quia jure civili suus effectus est; sed collationi
locus non est, nam diverso jure veniunt, et ex prætoris
edicto bona colligere non posset.

Ex hoc principio rescripserunt Dioclet. et Max., l. 14, C.
de col.: Amita filio fratris sui dotem confert quam fratri conferre debuerit; et l. 7, D. de col bon. : Si nepotes in locum
filii successerunt, una portio iis conferri debet, velut ac si
bonorum possessionis partem unam haberent. Sed et ipsi ita
conferre debent quasi omnes unus essent. Quod verum est
etiamsi nepos quidam post avi mortem editus bonorum acceperit possessionem.

In successione matris Leo voluit dotem et don. ant. nupt.
conferri, cujus juris introductionem in constitutione Arcadii
dubitationes et decisionem ostendit l. 19, C. de col.

Tandem in postremo jure, omnes liberi, nisi respuerint,
conferunt, sive emancipati inter se, sive cum liberis in potestate retentis concurrant, sive sint omnes in potestate, omni
discrimine novella 118 sublato.

II.

QUÆ CONFERENDA SINT NECNE.

Collatione liberi emancipati injuriam auferebant et fiebant similes suis. Quoniam eorum bona patri-familias fuissent acquisita, et inventa in successione etiam cum emancipatis divisa; consequens erat ut sua quoque bona in medium conferrent qui appeterent paterna.

Sed quo juris progressu filii-familias persona a persona patris abscedere tendebat, minuebatur collationis obligatio; et excipi cœperunt ea quæ non acquisivisset defuncto, si remansisset in potestate ejus. Sic castrense quod fuisset peculium jam a temporibus Ulpiani, et longe post Ulpianum bona quæ quasi castrense fuissent peculium, excipi debuerunt. Quod fuisset adventitium conferri cessavit, etiam si pater usumfructum exercere noluisset; sed vetus juris regula remansit pro eis quæ patris ex re profecta erant.

Hæc inter bona dotem interposuit Antoninus emancipatæ filiæ vel non; cui Leo similem fecit donationem ante nuptias.

An donatio simplex conferenda sit? In antiquo jure, donatio simplex in filium-familias concessa non conferebatur, nam hæc erat nulla in principio, nec morte parentis confirmata. Neu dicamus ergo non conferri, sed dividi perinde ac si nunquam e bonis exiisset. Si renovabatur extremo judicio defuncti liberalitas in legatum cadebat, nec conferebatur bonum post mortem patris acquisitum. Sed nascitur dubitatio cum donationem traditione, mancipatione aut patris morte confirmatam, agnotum fuit, et diem mortis ad diem factæ donationis recurrere.

Ex l. 20, c. de Col., constat : si unus vel una liberorum donationem ante nuptias aut dotem acceperit, nec simplicem
donationem, et alter aut altera donationem simplicem, nec
dotem aut donationem ante nuptias acceperit, ad similitudinem faciendam jussit Justinianus non recusari collationem
ex eo quod simplex donatio non aliter confertur, nisi hujus
modi legem donator tempore donationis indulgentia sua imposuerit.

Conferuntur ea demum a successore quæ in bonis ejus
fuerunt eo tempore quo defunctus fati munus implevit (l.
6, C. de col.), et quod ejus esse desiit dolo malo ; cæterum
si id egit ne acquireret, non venit in collationem. L. 1, § 23,
D. de col.

De illis quæ sine culpa emancipati post mortem patris
perierunt, collationem non juberet boni viri arbitrium (l. 2,
§ 2, D. de col. bon.).

Inter bona collationi obnoxia, non numerabuntur ea quæ
sibi filio-familias manenti post mortem patris acquirenda
emancipatus factus consecutus est, priusquam deberentur.

Quæ pater emancipato studiorum causa subministravit,
si non credendi animo pater fuerit comprobatus, sed pietate
debita ductus (l. 50, D. fam. ercis.), in quartam non computantur, et in collationem non inferuntur.

Nec quid dignitatis nomine a patre datum est (l. 1, § 16).
Et si adhuc debeatur, non solus onerabitur is qui meruit
dignitatem, sed omnium hæredum hoc debitum erit onus
commune.

Et quamvis filius dominus sit dotis ab uxore collatæ,
fratribus suis eam non conferebat, quia emolumentum habebatur ad sustinenda onera matrimonii, quæ si data non
fuisset, filius uxorem ducere noluisset.

Inter bona conferenda, numerabantur actiones, res mobiles vel immobiles, nomina et debita.

Quod sub conditione stipulatur non confertur, secus autem quod ita legatum, nisi conditio existeret antequam pater moriatur.

Actiones sunt conferendæ (l. 2, § 5, D. de col. bon.); nec tamen omnes. Conferebat actiones furti, veluti rei persecuto-rias; retinebat autem injuriarum actiones. Idem de popularibus actionibus, v. g. albo corrupto, quæ fiebant suæ post litem contestatam.

Idem de quarta Antonina recipienda. Incertum est enim an unquam actio nasci possit; speratur, non datur; hoc jus inhæret hæredibus vel possessoribus; nec transmittitur ad hæredes; et nescio quid habet inhonestum illa præmatura spes collationis, dum adhuc vivit is cujus de bonis quarta debetur.

In jure romano, dotis collatio singularis erat. Vel data, vel promissa dos conferebatur. Promissam conferebat filia cavendo cohæredes defendi, nam dotari debet de suo nec de parte fratrum cohæredum. (L. 2, C. de col.) Dos ita conferenda erat ut pro portionibus hæreditariis fratres ejus a necessitate dotis præstandæ liberentur. Cavebat eis neu maritus eos urgeret: λαμβανουσα το εαρος προικον, id est suscipiens onus integrum solvendæ dotis marito, et promittens indemnes damno se servaturam fratres consortes.

Si vero dos fuerat data, filiæ licebat tantum minus ferre in hæreditate paterna. (L. 5, C. de col. bon.) Παρα τοσουτον λαβειν συνεισφορον. Ex parte ejus deducendum dotis pretium in die collationis, et æstimatio varia. (V. nov. 97, c. 6.) Si fuerit sui juris, ei imputabitur cur mox inchoante viro male substantia uti, sibi non sit auxiliata, similiter et si sua et dos ampla, nisi minor¡viginti quinque annis, nam huic ætati indulgendum.

At si in potestate remanserit, nec dos ampla nec pater moverit aut ei licentiam dederit ut ageretur, ea periculum non patitur, et conferetur actio nuda contra res inopis mariti.

Omnes filii-familias sui juris effecti post mortem parentis sibi acquirebant et bona præcipua retinebant. Eadem æquitatis causa qua conferebant emancipati, ut æqualitate confirmetur concordia, post mortem communis patris quæsita conferre non coguntur, sed hæc retinentes ejus bona pro hæreditaria dividunt portione. (L. 15, C.)

Huic regulæ exceptio videtur. (L. 2, D. de col. bon.) Emancipati filii nomine Posthumus post avi mortem editus bonorum possessionem accipiens, sive legatum, sive hæreditatem a patre relictam conferat. Et tamen bona videntur post avi mortem quæsita; sed eadem fictione qua natus habetur ad possessionem accipiendam, bona acquisivisse priusquam avus sit mortuus videtur.

Eadem finguntur in postliminio. (L. 1, § 17.) Magis retinere quam acquirere videtur is qui jure postliminii utitur. Quod multo magis apparet cum pater confert peculium castrense filii sui in potestate defuncti.(L. 1, § 22, D. de col.bon.) Nam jure videtur minus acquiri quam non adimi.

Tandem in unum coacturus diversas juris regulas, Justinianus (l. 20, de col.) inseruit. Quæ condito testamento ad sustinendum imputantur, conferuntur ubi collationi locus est. Hæc regula minime e contrario tenebit ut possit quis dicere etiam, illa quæ conferuntur omnimodo in quartam partem, his computari qui ad inofficiosi querelam vocantur; ea enim tantummodo ex his quæ conferuntur memoratæ portionis computabuntur, pro quibus specialiter legibus ut hoc fieret expressum est. Et quidem non perpetuo verum.

III.

QUOMODO FIAT COLLATIO.

Collatio, sive communicatio, imo confusio bonorum, fieri potest re, aut cautione, aut minus ferendo.—Ulp. Reg., t. 28, §4. Paul, Sent., l. 5, t. 9, § 4.—L. 1, § 9, de col. bon.

Re fieri potest. At cum possint esse quædam in occulto, vulgo non satis confert qui non cavet, quamvis dividat.

Illæ cautiones adjiciuntur stipulationi prætoriæ, et l. 5, § 2, 5. Committitur stipulatio cum interpellatus cum aliquo spatio, boni viri arbitratu quo conferre potuit, sive in totum collatio facta non sit, sive in partem facta. Et sive non conferat vel cautione data, vel re vendita quo minus conferat, fecerit dolo malo, quanti ea res erit, in tantam pecuniam condemnabitur, et in usuras. (L. 5, § 1, de col. dot.; l. 2, C. de pet. hæred.)

In divisione res ipsa confertur, nec ejus æstimatio, nam aliud pro alio invito creditore solvi non potest. (L. 1, § 12, D. de col. bon.) Si tamen in bonis paternis emancipatus remittit quantum suus ex collatione debet habere (minus ferendo), satis contulisse videtur.

Bona conferri, id est quod deducto ære alieno superest conferri. Sed et si sub conditione debetur, non statim deducetur, nam quod debetur remanet in bonis pendente conditione; ergo conferendum. At dies erit qua emancipatus ad solutionem urgebitur; itaque recursus datur adversus eos qui bona solutioni affecta detinent, et ut sit recursus firmior, permittitur ei possessionem petenti et de collatione caventi rursus obtinere defensionis cautionem. (L. 2, § ult.) — Caveri ei opor-

2

tebit ab eo qui in potestate est, ut, existente conditione, defen-
datur pro ea parte quam contulit. (L. 6, C. de col. bon.)

Collatione facta, bona dividuntur inter conferentem et eos
qui meruerunt collationem. Si duobus collatio debetur, et
conferens trecenta possideat, ducentum conferet et centum
sibi retinebit. Justum enim et æquum est quicumque conferat, etiam personam suam numeret in partibus faciendis.
Sed in divisione rei collatæ non computabuntur ei quibus conferre non debet. V. g., duo emancipati quorum uterque centum habet et duo in potestate filii; si bona in medium con-
ferebantur, emancipatis quoque invicem collatio prodesset,
et commodissimum est emancipatos quartam ex bonis paternis partem auferre et ex suis tertiam conferre. (L. 5, § 2,
D. de col. bon.)

Partes ita fieri debent ut omnes qui conferre debent unius
loco numerantur; et pars conferenda ea dicetur quam unius
in locum numerati abstulissent. Ergo si tres emancipati et
duo liberi in potestate retenti, hæreditatis divisione quisque
quintam auferet, et in collatione facienda ab emancipatis,
tertiæ requirentur. Nec indignari oportet si plus conferant et
minus auferant, quia in potestate eorum erat bonorum omit-
tere possessionem. Hæc erat Pauli, Gaii et Juliani sententia.
(L. 2, § 5, D. de col. bon.)

Nepotes in loco emancipati succedentes conferebant quasi
omnes unus essent. (L. 7, D. de col. bon.) Ex qua consequitur (l. 2, § 7): si duo nepotes ex filio mortuo emancipati
bonorum possessionem avi petant, semissem conferent, quia
et si vivo avo ejus in potestate manentes, ducenta acquisis-
sent, centum filius-familias, centum nepotes in loco patris
succedentes, per hæreditatem avi haberent.

Si emancipatus succedit simul patri et avo, qui relinquerant hæredem suum, fratri dimidium, et avi hæredi dimidium est collatum. (L. 2, § 6.)

Tandem notandum quid eveniret ante novel. 118. Nepos in potestate, qui patri collationem imposuerat, cum possessionem intestati patris acciperet, bona fratri post emancipationem quæsito et in familia retento, conferre cogebatur. (L. 10, C. de col. bon.)

IV.

QUOMODO QUIS COGATUR HUIC EDICTO SATISFACERE.

Bonorum possessionem prætor creaverat ad hæreditatis instar, et quemadmodum non ipso jure, sed aditione acquirebatur hæreditas, ita quadam aditione possessionem apud magistratum populi romani rogabatur; Romæ prætorem, in provinciis præsidem. An possessio non concederetur sine cautione? Ulp. Reg., t. 18: « Ex edicto datur, si parati sunt ca-»vere.»—Paul., Sent.,l.5, t. 9, §3:« Antequam bonorum pos-» sessionem petant, de conferendo cavere debebunt.» Julianus autem explicat prætorem non sub conditione collationis bonorum possessionem dare, sed quid data bonorum possessione fieri oportet demonstrare. Pure datur possessio; sed denegantur actiones, si collationis oneri parere nolunt. Alioquin magna captio possessoris erit, si non aliter bonorum possessionem accipere intelligeretur nisi cavisset de collatione. Etenim si interim decesserit hæredi suo, nihil relinquerit, successione non adita. Tunc eam accipit priusquam caveat, et, eo non cavente, tota hæreditas apud eum qui in potestate fuerit maneat. (L. 3, § 1, D. de col.)

Si, cum deliberat, cavet de bonorum collatione ne bonorum possessionem petierit, agente fratre ex stipulatu ipse jure erit tutus; et si rem contulerit omissa bonorum possessione, condictione repetit. (L. 3, § 5, eod.)

Cautionem illæ causæ possunt impedire : inopia vel mala fides, id est contumacia possessoris.

Si propter inopiam cavere non potest, nec constat quid sit in bonis, cohæredum interest neu statim ad eum translata sit portio hæreditatis ; æquitatis autem est neu sit ei adempta ; itaque sustinendum donec possit invenire fidejussores; tamen de his quæ mora deteriora sunt futura, detinentibus actio dabitur, et ipsi cavebunt se in medium collaturos postquam eis cautum fuerit. (L. 25 ult. de col. bon.) Si tanta sit inopia ut cavere non possit, curator ejus portionis constituitur apud quem refecta pecunia collocetur, ut tunc demum recipiat quod redactum est cum bona propria contulerit.

Si per contumaciam, ei denegantur actiones. Attamen, oblata postea cautione, recipit pristinum jus.

Ante familiæ divisionem, si collatio non est, actiones hæreditariæ tantum denegantur; si vero fraus in divisione, et collatione non functus fuerit possessor, præses, examinatis partium allegationibus, confusionem et restitutionem jubebit.

Si duobus collaturus, alteri contulerit, nec alteri, vel cum cavet, vel cum dividit, videndum est utrum sextantis tantum ei auferatur emolumentum, an vero trientis totius. Si quidem per contumaciam non caveat, totius trientis ei sunt actiones denegandæ, nec enim videtur cavisse qui non omnibus cavit.—Si propter inopiam, ei indulgendum, et sextantis ei tantum denegatur actio.

Ex lege 2, § 8, consequitur : si ex duobus collationi subjectis unus confert, ab altero cui collatio non prodest non denegabuntur actiones.

DROIT FRANÇAIS.

DES RAPPORTS.

INTRODUCTION.

Les lois qui règlent l'ordre dans lequel les biens doivent être transmis après la mort du propriétaire forment la partie la plus intéressante de la législation d'un peuple, et offrent la matière la plus large aux études du publiciste, du législateur et du jurisconsulte.

Elles exercent une influence considérable sur la division de la richesse nationale, sur le partage et la culture du sol : questions graves et qui rentrent dans le domaine de l'économie sociale.

Il y a aussi un intérêt politique qui se relie à cette grande question de la transmission et de la distribution du patrimoine. La loi des successions doit concorder avec la loi constitutive de l'Etat. — Il y a entre elles une relation intime. — Le droit d'ainesse règne avec l'aristocratie féodale. La démocratie radicale entraîne l'égalité forcée des partages, la représentation à l'infini, la suppression des testaments, et elle aboutit au nivellement des fortunes.

Enfin, le sort des familles lui-même n'est pas moins dépendant de la forme de cette législation. Laissez au père de famille le droit de disposer d'une manière absolue de son

patrimoine, et son pouvoir grandira et dégénérera peut-être
en cette tyrannie romaine à laquelle durent être apportés
tant d'adoucissements. Dites, au contraire, que jamais il ne
pourra priver ses enfants de l'hérédité qui leur aura été con-
férée par la loi, dites que jamais il ne pourra donner à l'un
d'eux des marques d'une bienveillance méritée, ou réparer
à son égard les torts de la fortune, et alors le prestige de
son autorité s'effacera, et nos yeux seront encore affligés de
ce douloureux spectacle qui arrachait à un ancien ces cris
d'indignation : « Les héritiers entrent en nonchaloir et en
» indévotion de faire service, quand ils savent qu'on ne
» peut rien leur ôter, et se contentent de ne commettre cas
» d'ingratitude, pour ne pas être exhérédés; et cependant
» les pauvres vieillards demeurent destitués d'aide et de se-
» cours, heureux quand on ne les fait déclarer deminuez
» de sens et mettre en curatelle. »

Ce dernier point de vue sous lequel on peut envisager
la transmission des biens, c'est-à-dire son influence sur la
famille, va faire l'objet de notre étude ; et c'est dans ce but
que nous allons rechercher par quelles vicissitudes a passé
cette institution du rapport qui est la base de la répartition
établie par la loi entre les différents cohéritiers.

Lorsque, dans l'origine de la législation romaine, le vieux
droit des Quirites ne reconnaissait d'autres liens de succession que ceux qui étaient fondés sur les liens de la puissance
paternelle, la confusion de la personne des enfants dans celle
du père de famille rendait impossible tout moyen d'avantager l'un au préjudice de l'autre au moyen d'actes entre-
vifs ; et la volonté du père, manifestée dans un testament,

devait être rigoureusement observée. En exécutant ses dernières volontés, ses enfants semblaient se soumettre à sa loi
non comme enfants, mais comme l'auraient fait des étrangers institués : *veniebant exterorum jure*.

· Plus tard, quand le préteur, chargé de faire exécuter la
loi civile et de la mettre en harmonie avec les besoins de la
société qui se renouvelait, imagina de mettre à côté des héritiers de la loi une nouvelle classe de successeurs qu'il ap-
pela des possesseurs de biens , il donna en première ligne la
possession des biens du défunt à ces enfants qu'une émanci-
pation avait fait sortir de sa famille; mais, guidé par les mêmes motifs de justice et d'équité, il leur imposa la condition
de se rendre semblables aux héritiers de la loi, en remettant
dans la succession paternelle les biens qu'ils auraient acquis
à leur père, s'ils étaient restés sous sa puissance.

Tel fut le motif de l'introduction du rapport dans la législation romaine : rétablir l'égalité entre tous les enfants ; et,
dans ce but, il comprit non-seulement ce qu'ils avaient reçu
du défunt, mais encore ce qu'ils avaient acquis jusqu'à son
décès.

Dans la suite , des principes plus progressifs et plus équi-
tables dominèrent. L'introduction des pécules rapprocha la
condition des enfants restés en puissance de celle des enfants
émancipés , et les biens profectices demeurèrent seuls soumis au rapport. L'extension du S.-C. Orphitien fit encore
prévaloir les droits égaux des héritiers du sang sur les biens
de leurs parents maternels, et Justinien, après avoir fait dis-
paraître la distinction entre l'hérédité de la loi et l'hérédité
du préteur, pour ne plus reconnaître que l'hérédité fondée
sur la loi de la nature, étendit l'obligation du rapport à la
succession testamentaire, et décida que la présomption de

dispense ferait place à la présomption contraire. (Nov. 18, c. 6.)

L'égalité du partage était aussi une règle fondamentale du droit des Gaules pour les descendants. Il était même défendu aux parents d'avantager un de leurs enfants par testament ou donations entre-vifs (1).

La loi Salique, qui avait créé le privilége de masculinité pour la succession de la terre salique, exigeait l'égalité des partages entre frères et sœurs pour les biens patrimoniaux, les acquêts et les meubles (2). L'usage avait cependant introduit quelques exceptions : ainsi la fille ne rapportait pas les cadeaux de noces faits par son père, ni le fils le don à lui fait dans la fête de famille appelée la première coupe des cheveux, *capillatoriæ.*

Les dernières dispositions du droit romain en matière de rapport se perpétuèrent dans nos pays de droit écrit.

Quant aux coutumes, malgré l'obscurité qui a entouré leur naissance, on peut dire que sur ce point, comme sur tant d'autres, elles ont emprunté une grande partie de leurs règles à ces usages que les Francs avaient apportés des forêts

(1) On rencontre des traces de cette prohibition dans les lois galloises (Vallicæ) et dans la très-ancienne coutume de Bretagne. — Eusèbe de Laurière atteste que l'art. 307 C. Paris eut pour but de déroger à de très-anciens usages.

(2) Form. de Marculphe : « Comme Dieu a donné également au père tous ses enfants, ils doivent avoir une part égale dans ses biens. »

de la Germanie , et les partages ne cessèrent d'être égaux que
lorsque la féodalité se fut établie en souveraine sur le terri-
toire. Alors le droit de primogéniture fut la conséquence de
cette hiérarchie successive de services et de devoirs attachés
à la possession du sol , et de cet esprit d'aristocratie foncière
qui pénétra même au sein des familles roturières.

Cependant , si le droit féodal créait des dispositions contraires au principe de l'égalité , le droit civil en conservait
les traditions ; et , dans la plupart des coutumes, il fut presque toujours reconnu en principe que les parents ne pourraient pas substituer leur volonté à la volonté plus impartiale de la loi pour avantager un de leurs enfants au détriment
des autres ; mais cette prohibition ne fut pas universellement
admise , car elle tient à des idées arbitraires , à ce qu'on ap-
pelle le droit positif; et, dans tout ce qui est du ressort du
droit positif , les législations ont toujours présenté les plus
grandes divergences.

Dumoulin, qui, dans ses notes sur les coutumes , avait
comme ébauché le travail avec lequel il voulait imprimer à
la jurisprudence l'unité qui manquait à la législation , crut
devoir donner à la matière du rapport une attention parti-
culière ; mais l'opinion qu'il voulut faire prévaloir était trop
radicale. Imbu de l'esprit de l'usage des anciens , et dominé
par cette idée que la libéralité d'un père pourrait devenir une
cause de jalousie entre ses enfants, il prétendit qu'ils devaient
toujours rapporter malgré leur renonciation , parce [que ,
disait-il, celui qui avait reçu en avancement d'hoirie devait
être héritier, ou rendre ce qu'il avait eu s'il ne voulait pas
l'être. « *Non licet igitur hoc casu filio se tenere ad donationem sibi factam abstinendo à successione ; sed necesse habet vel
adire, vel rem donatam restituere.* »

Ce système était suivi dans toutes les coutumes où la défense d'avantager résultait de la capacité et non du fait de succéder; *ubi*, d'après cette citation de Boucheul, *significat capacitatem, non actum successionis*. (Coutumes d'égalité précise.)

La plupart des coutumes, au contraire, ne craignant *l'arbitraire* du défunt que dans le partage de ses biens entre ses héritiers venant à sa succession, exigeaient la remise des dons entre vifs, même malgré la volonté du donateur ; mais elles laissaient au donataire la faculté de renoncer à la succession pour s'en tenir à la donation. Ce système, qui se rencontre dans la coutume d'Orléans et de Paris, modifiait tout ce qu'il y avait de rigoureux dans les coutumes d'égalité parfaite, et nous le trouvons appuyé du suffrage de Pothier. (Coutumes de renonciation.)

D'autres coutumes rompaient complétement avec les anciens usages du droit français, et permettaient aux parents de donner entre-vifs à leurs enfants, sans charge de rapport de ce qu'ils avaient donné quand ceux-ci viendront à leur succession. Ce système, suivi par la coutume de Nivernais, avait mérité les sympathies de Coquille, qui, après avoir montré qu'il fallait assurer les parents contre l'ingratitude possible de leurs descendants, s'inspirait de ce souvenir que Jacob avait avantagé la lignée de Joseph, et proclamait « louable toute coutume qui conserve aux père et mère la » liberté naturelle de pouvoir disposer de leurs biens entre » leurs enfants, sauve la légitime. » (Coutumes de préciput.)

Enfin un grand nombre consacraient le principe que les qualités de légataire et d'héritier étaient incompatibles (1).

_____

(1) Bouteillier, l. 1, t. 103. « Il n'est pas défendu par la loi écrite » qu'aucun ne puisse bien estre aumosnier et parchonnier d'au- » cune chose, bien que maintes coutumes soient contraires. » —

Bien d'autres différences se présentaient encore ; nous n'essayerons pas de les retracer toutes. Pour en donner un aperçu sommaire, il nous suffira d'indiquer que ces divergences pouvaient résulter de la nature des objets donnés, des circonstances de la donation, de la qualité de la parenté qui unissait les successeurs au défunt, ou des distinctions de nobles ou de roturiers (1).

Toutes ces diversités de coutumes devaient tomber devant l'esprit d'unité qui surgit de la révolution de 1789 ; mais, avant d'arriver à fonder le glorieux monument de notre unité législative, il fallut traverser bien des vicissitudes, et chaque période a imprimé un caractère différent à la loi du partage et au mode de distribution qu'une personne peut imposer à ses successeurs.

L'assemblée nationale, cédant au mouvement qui avait triomphé dans la nuit solennelle du 4 août, se borna à détruire les anciennes distinctions de nobles et de roturiers, et les inégalités résultant entre héritiers des droits d'aînesse et de masculinité (2) ; mais elle ne fit rien pour amener à une règle uniforme la matière du rapport. Ce résultat devait naître de la réaction égalitaire qui tourmenta à la France, et se

Eusèbe de Laurière nous a conservé un acte du *parlouer* aux bourgeois qui constate l'antiquité de cette règle.

(1) *V.* Pocquet de Livonnières ; Merlin, v° Rapport ; Klimrath, Etudes sur les coutumes.

(2) L. 15 avril 1791.

manifesta par la limitation de la puissance paternelle (1), l'incapacité de disposer en ligne directe (2), et le presque anéan-
tissement de la quotité disponible en faveur des étrangers (5).
Alors l'égalité la plus absolue fut décrétée dans le partage
des successions. Ce principe rigoureux fut même poussé
jusqu'à l'exagération, et les lois de brumaire et de nivôse
an II ordonnèrent à tous héritiers même renonçant de rapporter les dons qu'ils auraient reçus du défunt, même avant
le 14 juillet 1789, mais sans préjudice des dispositions des
coutumes d'égalité parfaite (art. 8).

Les législateurs du 5 brumaire et du 17 nivôse an II
érigèrent en loi le système qui avait attiré toutes les sympathies de Dumoulin ; ils l'étendirent à un nouvel ordre de
successeurs entre lesquels l'égalité n'avait pas encore paru
aussi rigoureusement nécessaire ; mais ils ne surent pas s'ar-
rêter dans la voie de réformation qui leur était tracée. Après
avoir aboli tout vestige du droit haineux de féodalité, et
fondé un nouvel ordre de choses dont les principales dispositions se sont perpétuées dans notre système successoral (4), ils
se laissèrent entraîner par le désir de fonder une société nouvelle, et, dociles au radicalisme de Robespierre qui ne voulait
plus rien de commun *entre ce qui est et ce qui fut,* ils voulu-
rent effacer toutes les traces du passé, et ils reportèrent leur
réforme à cette date historique où la souveraineté du peuple

(1) L. 28 août 1792.
(2) Loi 7 mars 1793.
(3) L. 5 brum. an II.
(4) De cette loi datent l'abolition de la différence des biens à leur
origine, leur distinction en meubles et acquêts, et en propres de
divers estocs;—la division des héritiers en deux lignes, paternelle
et maternelle.

sortit des ruines de la Bastille. Toutes les dispositions postérieures à cette époque furent soumises à la règle de l'art. 8 ;
les successions même déjà partagées durent être remises en
partage, conformément à la loi nouvelle, et, les droits des
tiers eux-mêmes ne furent respectés qu'autant qu'ils avaient
date certaine antérieure au 5 brumaire an II. C'était violer
le principe si sage de la non-rétroactivité des lois, et cependant la Convention protesta et fit des efforts inouïs pour per-
suader que « la loi n'avait fait que développer les principes
» proclamés par un grand peuple qui se ressaisissait de ses
» droits (1); » mais l'erreur était trop flagrante, et la violation
d'un principe social essentiel ne tarda pas à être reconnue.

Les réclamations nombreuses qui en surgirent nécessi-
tèrent immédiatement les deux lois interprétatives du 22 ventôse et du 9 fructidor an II ; et l'aggravation de la situation
fit suspendre toute action intentée ou procédure commencée
à l'occasion de l'effet rétroactif de la loi de nivôse (5 floréal
an III).

Ce mouvement se ressentit de la réaction du 9 thermidor ; l'effet rétroactif relativement aux nouveaux modes de
transmission des biens dans les familles fut aboli (loi du
9 fructidor an V; règlement 3 vendémiaire an IV).

Enfin, pour terminer toutes les difficultés qui arrêtaient
les tribunaux, la loi du 18 pluviôse an V, votée d'urgence,
fit revivre en matière de rapport les règles de l'ancien droit,
mais en le dépouillant des priviléges abolis par la loi de
1791; et les lois des 7 mars 93, 5 brumaire an II et 17 nivôse
an II, ne régirent plus que les donations faites depuis leur
promulgation.

_____

(1) Loi de ventôse an II, art. 24.

La loi du rapport devait encore subir une modification avant la rédaction du Code Napoléon. Les dispositions de la loi de nivôse ne pouvaient pas concorder avec les principes nouveaux que fit surgir le consulat. Pour rendre à la société le repos, on sentit qu'il fallait ranimer l'esprit de famille et restaurer l'autorité paternelle ; ce fut dans ce but que le législateur du 4 germinal an VIII augmenta la quotité disponible en lui donnant des bases nouvelles, et autorisa les libéralités faites aux héritiers, sans les astreindre au rapport.

Cette loi fut accueillie avec une faveur marquée ; on y voyait un acheminement vers un ordre de choses meilleur. —Quatre mois plus tard, un arrêté des consuls (4 thermidor an VIII) confiait à MM. Portalis, Tronchet, Bigot-Préameneu et Malleville, la tâche difficile de créer une législation uniforme en harmonie avec les besoins de l'époque.

Par quels moyens les législateurs ont-ils accompli leur mission réparatrice; comment leur œuvre, bien qu'elle présente des traces de cette incertitude qui régnait alors sur les destinées de la France, a-t-elle fourni la conciliation du principe de l'égalité des partages avec celui de la libre disposition des biens, et mérité le témoignage que le préteur romain revendiquait par l'édit *de collationibus?* tel est le sujet que nous nous proposons d'examiner dans cette étude.

CODE NAPOLÉON.

—

DES RAPPORTS.

Hic titulus habet manifestam æquitatem

La loi qui règle le partage des biens héréditaires semble être la véritable expression des affections du défunt.

Aussi, lorsqu'un donateur s'est dépouillé de son vivant, par dons entre-vifs, d'une portion de sa fortune en faveur de l'un de ses successibles, il faut présumer qu'il a voulu néanmoins respecter une prévoyance plus impartiale que la sienne, et que son intention a été de faire une simple avance sur ce qui devait un jour revenir à cet héritier : de là le rapport, c'est-à-dire, l'obligation pour tout héritier de remettre, réellement ou fictivement, à la masse de la succession tout ce qu'il a reçu du défunt, afin que cette masse soit également partagée entre ses cohéritiers suivant les proportions établies par la loi.

Mais ce n'est qu'une présomption de la loi, et l'obligation du rapport peut s'évanouir devant la volonté contraire du disposant. Il faut alors que la dispense de rapporter soit exprimée sans équivoque, qu'elle se lise dans l'acte lui-même ou dans un acte postérieur à titre gratuit, et encore cette dispense n'aura-t-elle d'effet que dans les limites de la quotité disponible.

Le même principe prive le successible du droit de réclamer le legs dont le défunt l'a gratifié sans l'autoriser à
cumuler les deux qualités de légataire et d'héritier.

Quelques jurisconsultes ont critiqué cette règle de notre
droit ; ils n'y ont vu qu'une réminiscence de nos anciennes
coutumes ; ils se sont étonnés qu'on n'ait pas vu dans un
testament un témoignage de préférence, au lieu d'en faire
une disposition inutile (1). La force de leurs objections est
incontestable ; mais, pour nous, cette incompatibilité est
la juste conséquence de la présomption d'égalité qui doit
dominer dans les partages, et nous croyons qu'il est facile
de concevoir cette alternative comme étant véritablement
dans l'intention du testateur.

Cependant, tout en repoussant cette critique adressée à
notre législation, nous ne pouvons nous empêcher de reconnaître que son esprit n'est pas toujours manifesté d'une manière rigoureusement exacte. L'œuvre de ses rédacteurs est
loin d'être parfaite, et nous aurons souvent l'occasion de le
remarquer ; nous nous bornerons à signaler, par exemple,
la confusion qu'ils ont souvent faite entre le rapport et la
réduction ou la restitution ; l'emploi du mot *rapport* pour
exprimer l'obligation soit de rétablir à la masse ce qu'il a
reçu avant l'ouverture de la succession, soit d'y laisser les
valeurs que le défunt lui a léguées, et l'incohérence de l'article 857, si on ne le restreint pas aux donations entre-vifs.

(1) Cette opinion peut revendiquer le suffrage de Pothier. Ce
jurisconsulte critiquait l'incompatibilité qui existait entre les qualités d'héritier et de légataire, et démontrait que, dénuée de fonde-
ment en droit strict, elle faisait tomber la libéralité au moment
où elle pouvait recevoir l'existence.

Après avoir ainsi déterminé notre sujet, nous examinerons:

1° Par qui est dû le rapport ;

2° A quelle succession doit se faire le rapport;

3° Qui peut demander le rapport ;

4° Quelles choses sont sujettes au rapport;

5° Comment s'opère le rapport, et quels sont ses effets.

CHAPITRE PREMIER.

PAR QUI EST DU LE RAPPORT.

L'article 843 soumet au rapport « tout héritier, même bé-
» néficiaire, venant à la succession..., à moins que les dons
» ou legs ne lui aient été faits expressément par préciput et
» hors part, ou avec dispense de rapport. »

Le droit romain ne soumettait à l'obligation du rapport
que les héritiers en ligne directe descendante. Les ascen-
dants et les collatéraux en étaient exemptés, parce que l'égalité qui doit régner entre eux n'est pas aussi rigoureusement nécessaire qu'entre les enfants. Cette distinction, déjà
rejetée par quelques coutumes, a été repoussée par le Code.
Aujourd'hui l'égalité est requise entre tous les cohéritiers ;
la loi n'a permis aucune exception.

L'héritier bénéficiaire y est assujetti comme l'héritier pur
et simple. Il a sur l'actif les mêmes droits ; pourquoi ne
pas le soumettre aux mêmes charges? L'abandon qu'il ferait
de sa part héréditaire ne le dispenserait même pas de ce devoir, car ce n'est pas une renonciation, c'est un privilége
qui ne lui est accordé que contre les créanciers et les légataires, et qui laisse sur sa tête la qualité d'héritier : *semel
hœres, semper hœres.*

Cette obligation n'atteint que les héritiers légitimes. Ils

3

viennent par la vocation de la loi, et la loi est bien libre de leur imposer cette condition. Mais, lorsque l'homme substitue sa volonté à celle que la loi lui supposait, il faut la respecter et se garder de rétablir un équilibre qu'il a voulu détruire. Cette vérité semble aussi résulter de la place occupée par l'art. 843. Il est au titre des hérédités *ab intestat*, et à celui des testaments on ne trouve rien qui vienne soumettre de plein droit au rapport l'étranger appelé en vertu d'un legs au partage de la succession.

Le rapport est dû par l'héritier donataire, lors même que, n'étant pas héritier présomptif au moment de la donation, il ne l'a pas reçue comme avancement d'hoirie. Cette solution n'aurait pas été exempte de difficultés, si elle n'avait pas été contenue dans la loi; mais l'art. 846 est formel, et c'est avec raison : est-il certain que le donateur aurait permis au donataire de cumuler les deux qualités de donataire et d'héritier, s'il eût prévu qu'un jour il serait appelé à sa succession par son degré de parenté? Peut-être ne l'a-t-il gratifié que pour le dédommager de la présence d'autres plus proches parents. Ce doute suffit pour légitimer l'art. 846, et soumettre au rapport le donataire qui n'était pas héritier présomptif au jour de la donation, mais qui l'est devenu lors de l'ouverture de la succession.

Le rapport n'est dû que par l'héritier à qui la libéralité a été faite.

C'est en vertu de ce principe que le législateur a abrogé l'ancien usage des pays coutumiers qui voyaient une interposition de personnes dans le fait de donner aux enfants ou au conjoint du successible. Jadis on pouvait y voir un moyen d'éviter la loi; mais aujourd'hui un pareil inconvénient n'est plus à craindre, et rien ne pourrait justifier cette présomption que le disposant aurait pris un détour pour arriver

au but qu'il pouvait atteindre honnêtement d'une manière
directe. Nous ne changerions rien à notre décision, quand
même le père ou l'époux aurait retiré quelque avantage de
cette libéralité ; car cet avantage ne lui aurait pas été déféré
ex judicio defuncti, sed ex necessitate legis; et, pour déterminer quelle sera l'obligation du rapport, on ne doit considérer que ce seul point : quel est le donataire? Jamais on
ne doit se préoccuper de ce que les biens sont devenus par
des combinaisons étrangères à la disposition.

Nous trouvons encore une application de ce principe dans
l'art. 848. Les héritiers qui succèdent de leur chef ne rapportent que les choses qui leur ont été données ou léguées
personnellement ; quant à celles qui ont été données ou
léguées à celui dont la renonciation leur permet de succéder,
ils n'en doivent pas le rapport, quand même ils en auraient
profité en lui succédant.

Les héritiers qui succèdent par représentation sont au
contraire tenus de rapporter ce qui a été donné à celui dont
ils empruntent les droits; mais ils ne doivent pas le rapport
de ce qui leur a été donné personnellement, car, au moyen
de la représentation, ils se sont effacés et ont pris la place du
représenté.

EFFETS DE LA RENONCIATION.

La réunion sur la même tête des deux qualités d'héritier
et de donataire peut seule faire naître l'obligation du rapport.
Si donc le successible ne vient pas à la succession, s'il renonce ou s'il est indigne, il doit être entièrement assimilé à
un étranger et pouvoir retenir le don ou réclamer le legs
dont il a été gratifié; mais dans quelles limites? L'art. 845
répond jusqu'à concurrence du disponible ; par ces mots,

nous croyons devoir entendre la quotité dont il est permis
de disposer à l'égard des étrangers. Telle a été la doctrine si
parfaitement exposée dans un remarquable arrêt de la Cour
de cassation du 18 février 1818. Il semblait de nature à dis-
siper tous les doutes, et cependant on a vu, par un change-
ment de jurisprudence inexplicable, la même Cour décider
que le réservataire, malgré sa renonciation, peut retenir les
libéralités à lui faites jusqu'à concurrence de la portion disponible et de sa réserve cumulées. C'est là une solution que
nous ne pouvons pas accepter ; elle nous paraît contraire
aux motifs par lesquels M. Tronchet fit adopter l'art. 922 ;
elle amène à ce résultat que le législateur aurait établi deux
réserves, l'une pour les étrangers, l'autre pour les héritiers
réservataires ; et enfin, un de ses partisans, M. Grenier, a
été forcé d'avouer que ce système n'établissait aucune différence entre le réservataire avantagé avec préciput qui accepte la succession, et le réservataire avantagé sans préciput
qui renonce à la succession.

Selon nous, l'assimilation du successible qui renonce avec
un donataire ou un légataire étranger est complète; aussi
nous regardons comme nulle la clause d'avancement d'hoirie
qui serait insérée dans la libéralité accordée à un héritier
réservataire (1) ; et nous pensons que les donataires posté-
rieurs du défunt ne pourraient pas forcer le réservataire renonçant à subir avant eux la réduction de sa donation (2).

(1) Dumoulin était d'avis contraire : « *Si postea filius donata-*
» *rius non velit esse hæres, resolvitur donatio tanquam causa*
» *finali non secuta, et res revertitur ad corpus successionis.* »

(2) M. Marcadé a présenté l'opinion contraire. Il a ressuscité une
vieille erreur qui se trouve dans un arrêt rendu par le parlement
de Paris contre la plaidoirie du fils de Ricard, erreur que Ricard
fit bientôt reconnaître. Ric., 3ᵉ p., n° 1116.

CHAPITRE II.

A QUELLE SUCCESSION DOIT SE FAIRE LE RAPPORT.

La loi, n'ayant d'autre but que de rétablir ou de maintenir l'égalité dans la division des biens d'une personne entre
ses cohéritiers, il est clair que c'est seulement à la masse des
biens laissés par le défunt que doivent se rapporter les objets
qu'elle a donnés à ses héritiers. Le rapport, en un mot, ne
doit se faire qu'à la succession du donateur. Il est facile de
conclure de ce principe que le donataire venant à la succession de l'héritier du donateur n'est pas tenu au rapport; —
que le donataire ne doit pas rapporter à la succession de la
femme ce qui lui a été donné par le mari, etc.

CHAPITRE III.

QUI PEUT DEMANDER LE RAPPORT.

Le rapport ne peut être demandé que par ceux à qui l'inégalité résultant des libéralités du défunt peut porter préjudice, et voilà pourquoi les créanciers et les légataires (1)
du défunt ne peuvent ni demander le rapport, ni en profiter
quand il est fait. La présomption d'avancement d'hoirie n'a
pas été établie en leur faveur.

(1) « La loi, disait Bourjon, ne désire l'égalité qu'entre les
» successeurs *ab intestat*, et, comme conséquence de ce principe,
» un légataire, fût-il universel ou même enfant du testateur, n'au-
» rait pas droit de demander le rapport de ce qui a été donné à
» un héritier; la loi n'a pas établi l'incompatibilité pour lui, et
» le rapport n'est qu'une suite d'icelle..... Il en est de même des
» créanciers du défunt. »

La disposition de l'article 857 ne peut s'appliquer qu'aux donations entre-vifs. Y soumettre les legs, ce serait se mettre en contradiction avec les principes généraux. On comprend en effet que les donations ne soient pas regardées comme de simples avancements d'hoirie à l'égard des créanciers, car ils ont manqué de prévoyance ou n'ont pas dû compter sur les biens aliénés par leur débiteur, suivant que leur créance a précédé ou suivi la donation ; mais on ne peut pas dire que l'abandon des legs leur profite, car les legs ne sont délivrés qu'après le payement des dettes : *nemo liberalis nisi liberatus.*

Il faut aussi remarquer que la prohibition de l'article 857 est uniquement établie pour les créanciers personnels du défunt. Quant à ceux de l'héritier, l'art. 1166 leur donne le droit de demander le rapport au nom de leur débiteur ; et il est évident que la même solution devra prévaloir quand, par une acceptation pure et simple, l'héritier aura confondu son patrimoine avec celui du défunt, et se sera substitué à lui par l'acquittement de ses dettes ; alors ceux-ci pourront profiter du rapport, car ils agiront comme créanciers personnels de l'héritier.

Les mêmes principes ont fait défendre aux légataires de demander le rapport. Cependant il n'en faudrait pas conclure que les légataires n'ont pas le droit d'argumenter du rapport pour établir la quotité disponible. En effet, les biens donnés à un étranger ou à un héritier avec dispense de rapport s'imputent sur le disponible, qu'ils diminuent d'autant. Mais, quand ces biens donnés à un héritier ne l'ont été qu'en avancement d'hoirie, ils s'imputent sur la réserve ; et lorsque, réunis à ceux dont le défunt n'a pas disposé, ils forment une réserve suffisante, il n'y a pas lieu de demander la réduction des libéralités. Il ne faudra pas dire que par cette demande les donataires ou légataires cherchent à profiter du rapport ; ils se bornent à démontrer que l'intégrité de leurs droit est la conséquence de l'intégrité de la réserve.

Les enfants adoptifs sont entièrement assimilés aux enfants légitimes ; ils ont les mêmes droits et subissent les mêmes obligations pour le rapport des libéralités que le *de cujus* aura faites à eux ou à leur cohéritier.

CHAPITRE IV.

CHOSES SUJETTES A RAPPORT.

L'article 843 oblige au rapport de toute libéralité directe ou indirecte ; et peu importe que la donation ait été faite ou non par contrat de mariage. Tel était aussi le droit commun de la France avant la promulgation du Code Napoléon (1).

La coutume de Paris défendait d'avantager les héritiers indirects par donations entre-vifs, testamentaires, à cause de mort ou autrement, en manière quelconque. Pothier étendait cette disposition à la coutume d'Orléans, et la commentait en disant qu'elle comprenait toutes les libéralités, même indirectes. Ces mots ont passé dans notre droit ; voici comment il les explique (2) :

« Telles sont les donations que le défunt aurait faites à l'un » de ses enfants par interposition d'une tierce personne, ou » celles qui auraient été déguisées sous l'apparence d'un

(1) La seule coutume de Chauny exemptait du rapport les donations mobilières faites par contrat de mariage. Dumoulin demandait sa révision : *stulta et inepta consuetudo respectu lineæ rectæ et certe indiget recognitione et correctione.*

(2) Introd. à cout., t. 17, § 77.

» autre contrat ; par exemple , lorsqu'un père vend à
» l'un de ses enfants un héritage pour un prix au-dessous de
» sa juste valeur, un tel acte est réputé une donation dégui-
» sée sous le nom de vente, et l'enfant est tenu de rapporter
» l'héritage à la succession, qui lui doit faire raison du prix
» que le défunt a reçu. »

« Donation indirecte,» dans le sens de l'art. 843, a la même
signification : c'est toute donation faite par un détour. Plusieurs motifs autres que celui de dispenser du rapport peuvent
avoir conduit le disposant à employer cette voie ; et alors
même que ce serait son motif unique, le rapport serait dû.
La loi veut une manifestation de cette volonté qui dispense
du rapport ; ici il y a doute, et ce doute oblige de revenir
au droit commun.

Aujourd'hui, en matière de rapport, l'interposition de personnes ne se présume plus ; mais si elle était prouvée autrement que par les présomptions spéciales des art. 911 et 1100,
le rapport serait dû.

De même, il ne faudra pas que la qualité d'héritier déter-
mine une présomption invincible de libéralité déguisée. Sans
doute il y aura bien là quelque chose qui motivera de la
part du magistrat une attention minutieuse ; mais il devra
se rappeler qu'il importe à la tranquillité et aux intérêts des
familles que les parents puissent faire entre eux, de bonne
foi, toutes les conventions qui sont licites, et qu'ils ne soient
pas forcés d'introduire dans leurs affaires des étrangers qui
n'y portent le plus souvent que trouble et division.

L'application de ce principe va faire la matière du paragraphe suivant.

§ Ier.

*Avantages que le successible a retirés des contrats à titre oné-
reux et des associations intervenues entre lui et le défunt.*

L'art. 853 déclare « non rapportables les profits que l'hé-
» ritier a pu retirer des conventions passées avec le défunt,
» si, lorsqu'elles ont été faites, elles ne présentaient aucun
» avantage indirect; » et comme corollaire de cette disposition, l'article suivant en dispense pareillement « les asso-
» ciations faites sans fraude entre le défunt et son héritier,
» lorsque les conditions en sont réglées par acte authen-
» tique. »

Un père peut avoir intérêt à prendre son fils pour fermier
ou pour associé. On ne pouvait pas non plus leur interdire
le contrat de vente; et si le prix est l'équivalent de la chose
vendue, on ne peut pas y voir un acte à titre gratuit, et dès
lors il ne doit pas y avoir de rapport. En vain les autres héritiers diraient-ils que, depuis la vente, l'immeuble a acquis
une grande valeur. Pour juger s'il y a ou non avantage indirect résultant d'un acte à titre onéreux, ce n'est pas le moment du décès qu'il faut considérer, mais celui où l'acte a été
accompli : en effet, si l'immeuble, au lieu de gagner, avait
diminué de valeur, la perte serait pour l'acquéreur; il court
la chance de perdre, il doit pouvoir profiter des bénéfices.

C'est donc avec raison qu'il a été décidé que : 1° le rapport
des profits ne devra pas être exigé toutes les fois que la convention aura été loyale, faite selon les règles ordinaires, et
non pas dans le but de procurer indirectement un avantage
qui n'aurait pas été recueilli s'il avait été fait directement,
sans déclaration de préciput; 2° que, lorsqu'il y aura eu libé-

ralité indirecte, *donatio cum negotio mixto*, le rapport sera dù de la différence du prix de la vente à la valeur réelle de la chose.

＊Ainsi il sera impossible de ne pas voir une libéralité indirecte, quand un tuteur laissera prendre à son pupille une somme supérieure à celle qu'il lui devait réellement ; quand un père, réglant avec ses enfants d'un premier lit le partage de sa première communauté, laissera exercer des reprises plus considérables que celles auxquelles ils ont droit, etc., etc.

Y a-t-il avantage indirect dans une renonciation à un droit acquis, par exemple, quand un père renonce à un legs ou à une succession qu'il devait recueillir conjointement avec son fils ? — Oui.

Quid de la renonciation de la femme à une communauté opulente ? — Oui.

Quid de l'acceptation qu'elle ferait d'une communauté onéreuse, et qui la priverait de la reprise d'apport stipulée? — Oui.

Pothier a toujours refusé de voir une donation indirecte dans la renonciation à un legs fait par le père au profit de son fils colégataire.

Pour les autres questions, il a soutenu les deux opinions. Dans son Introduction à la coutume d'Orléans, t. 17, n° 79, il dit qu'il y a d'avantages indirects que ceux par lesquels le défunt fait passer quelque chose de ses biens à l'un de ses enfants. Dans son Traité des successions, c. 4, art. 2, il se rétracte et adhère à l'opinion de Lebrun; il combat ses premiers motifs, mais il se sent gêné par l'opinion qu'il avait émise sur la première question, et il finit par dire qu'elle paraît souffrir beaucoup de difficultés.

Prévot de la Jannès donnait cette solution, Principes de jurisp. franc., t. 1, n° 72 : « La rigueur de la règle dispense,

» à la vérité, du rapport, mais l'équité qui en est l'esprit
» semble y assujettir. »

Il faut adopter la dernière opinion de Pothier. La renonciation à un avantage évident, l'acceptation d'une succession
onéreuse sont des libéralités indirectes soumises au rapport ;
il y a même raison de décider que si l'avantage était direct.
Celui qui reçoit l'avantage doit être traité de la même manière, car le même résultat est atteint. Que dirait-on si, au
lieu de renoncer, le père avait accepté la succession et l'avait
donnée à son fils ? On ne pourrait pas contester l'existence de
la libéralité. Que dirait-on si, au lieu d'accepter, il s'engageait
à payer sa part dans la succession mauvaise ? Eh bien! il n'y a
de différence que dans la manière de donner : on est arrivé par
une voie plus courte au but que l'on aurait pu atteindre par
une voie détournée ; il faut considérer la *causa proxima* et non
les moyens employés. La renonciation ou l'acceptation constitue une diminution des biens du père, qui se composent
aussi bien de droits que de choses. Il y a un donateur, il y a
une libéralité ; la règle du rapport devra être appliquée.

Tel est le droit, tel est le principe rigoureux ; mais hâtons-
nous d'ajouter que les faits pourront singulièrement le modi-
fier. L'équité, source de cette loi, exige cette modération, et
toujours le juge devra examiner si le *de cujus* a agi moins
dans son intérêt que dans celui du successible ; il devra rechercher aussi l'*animum donandi ;* nous retombons sous l'article 855.

La règle générale de cet article 855 peut donc ainsi se pa-
raphraser : pour qu'il y ait lieu au rapport, deux choses suf-
fisent ; 1° que le successible ait profité de quelque chose ;
2° que ce profit soit aux dépens du défunt, comme suite de
cette libéralité. Si une de ces conditions vient à défaillir, il
n'y a pas de rapport ; mais si elles sont réunies, le rapport

est nécessaire. En un mot : « tout acte par lequel on relâche
ce qu'on peut exiger ou conserver honnêtement emporte avec
soi, surtout en matière de rapport, le caractère et la qualité
de donation. »

En parlant des avantages que le successible a retirés des
conventions passées avec le défunt, nous devons mention-
ner l'art. 918, dans lequel, par un souvenir de la loi de nivôse
an 11, le législateur frappe de la présomption de donation déguisée toute vente de biens à fonds perdu, ou avec réserve
d'usufruit, ou à charge de rente viagère, lorsqu'elle est faite
à l'un des successibles en ligne directe, sans l'adhésion des
autres cohéritiers, et relativement à eux seuls, et déclare que,
dans ce cas, le disponible est censé donné par préciput, et
l'excédant réductible.

Cet article établit une présomption si absolue de libéralité, que si les cohéritiers n'avaient pas adhéré à l'acte, il
serait impossible de réclamer le prix qui aurait été payé.

Il n'en serait pas ainsi du prix vil, mais certain, qui aurait
été payé dans une vente sous laquelle on aurait voulu déguiser
une donation : l'héritier aurait alors le droit de s'en faire
tenir compte. Mais à quelle restitution sera-t-il tenu envers
la succession ? Devra-t-il rendre la chose ou le prix ?

Pothier, après avoir rappelé les trois opinions présentées à
Rome par Julien, Neratius et Pomponius dans une question
analogue (1), pensait que la chose elle-même devait être remise dans la succession.

L'art. 855 n'a pas levé cette difficulté ; mais l'équité qui
a dicté l'art. 866, l'analogie qu'il présente avec le cas dont
nous parlons, permet d'en faire ici l'application.

(1) De don. int. vir. et uxor. D. 1. 5, § 5, et l. 31, § 3.

" De deux choses l'une : ou l'héritage peut être partagé commodément et sans perte, ou cela est impossible.

Dans le premier cas, on retranche toute la portion qui excède le prix payé par l'acquéreur, et cet excédant est réuni à la masse de la succession.

Dans le deuxième cas, une sous-distinction est nécessaire:

1° Si la valeur de la chose vendue excède de plus de moitié le prix qui a été payé, alors l'immeuble devra être rapporté en entier, sauf à l'acquéreur à réclamer la somme qu'il aura payée ;

2° Si le prix dépasse la moitié de la valeur de l'immeuble, le successible est tenu seulement de rapporter en argent l'excédaut de la valeur de la chose sur le prix qu'il a payé.

§ II.

Frais de nourriture, entretien, éducation, apprentissage, équipement.

Il y a diverses choses que la loi, d'accord avec les convenances sociales, ne soumet pas de plein droit au rapport.

Loysel disait, n° 352 : « Nourriture et entretenement aux » armes, écoles, apprentissage de métier ou fait de mar- » chandise, dépense ni don de noces en meubles ne sont » sujets à rapport. » (Art. 309, cout. Orléans.)

L'art. 852 répète: « Les frais de nourriture, d'entretien et » d'éducation, d'apprentissage, les frais ordinaires d'équipe- » ment, ceux de noces et présents d'usage, ne doivent pas » être rapportés. »

Quand les enfants sont incapables de subvenir à leur subsistance, la pension alimentaire ne peut pas être sujette au rapport, car le père ne paraît que remplir un devoir que lui imposaient la nature et la loi (205). Mais en doit-il être ainsi quand l'enfant a par lui-même des ressources? Jadis on regardait la fourniture d'aliments comme rapportable, parce que, disait-on, elle ne constituait plus l'accomplissement d'une obligation, mais une libéralité faite par un père à un enfant qui aurait pu s'en passer. (*V.* d'Argentrée, Bretagne, 526; Denizart, v° Rapport.) Cette opinion serait aujourd'hui contraire à l'art. 852. Si cet article n'avait eu pour but de dispenser du rapport que ces enfants à qui leur père avait donné des aliments qu'ils ne trouvaient pas dans leurs propres ressources, il eût été inutile, car il est bien évident que, dans cette hypothèse, la prestation d'aliments ne serait pas le produit d'une libéralité. C'est précisément pour une hypothèse inverse que l'art. 852 a été créé, et la généralité de ses termes ordonne d'étendre toutes ses dispositions même aux collatéraux.

Plusieurs coutumes: Châlon, 104; Melun, 207, ordonnaient le rapport des robes nuptiales, joyaux, trousseaux, comme lits, draps, etc. Coquille sur Nivernais ajoutait: « mais non les quotidiens, car ils sont aliments. » Dans d'autres coutumes, les règles étaient différentes, et la jurisprudence variait à cet égard. Aujourd'hui on dispense du rapport tous les présents d'usage, et cette expression s'applique non-seulement aux cadeaux qui se font lors du mariage (1), mais à tous ceux que l'usage commande. Cependant cet article doit être entendu dans des limites raisonnables; toute libéralité ne sera pas dispensé du rapport par cela seul qu'elle aura été faite sous ce prétexte, et le juge aura, dans cette matière, un pouvoir discrétionnaire.

(1) Du repas de noces il ne demeure rien aux mariés dont ils se puissent dire plus riches (Coquille).

Ainsi, pour l'éducation, il ne faudra pas gêner la volonté des parents, mais il faudra leur tenir compte de leur position de fortune (1), et ne soumettre au rapport que les libéralités qui formeraient un avantage indirect.

§ III.

Frais d'établissement.—Avances.

Nous avons vu dans le paragraphe précédent que le rapport n'est pas dû quand le bienfait prend sa source dans les convenances sociales, ou dans une obligation naturelle, ou quand il semble qu'il ne doive pas se trouver capitalisé dans les biens du donataire, et cela alors même qu'il aurait été pris sur les capitaux du donateur, pourvu qu'il ne soit pas excessif. La réciproque est admise par la loi, et l'article 851 soumet au rapport certains avantages qui n'ont pas les caractères que nous venons d'établir, alors même qu'ils n'auraient été pris que sur les revenus du donateur.

851. « Le rapport est dû de ce qui a été employé pour » l'établissement d'un des cohéritiers ou pour le payement » de ses dettes. »

1° *Frais d'établissement.* L'établissement, c'est ce qui procure une position stable dans le monde. Ce n'est pas une

---

(1) Coquille a écrit : « Si un père, ayant peu de biens, fait de » grands frais pour les études de son fils, qui entament et dimi- » nuent le fonds de sa substance, auxquels il a été meu voyant le » gentil esprit et le désir de son fils, ainsi que son bon et aigu en- » tendement, je crois qu'en ce cas le fils sera tenu de rapporter » les frais de ses études *quatenus* ils excèdent la facile commo- » dité que le père avait. »

dette des parents, puisque, même à l'égard des enfants (205),
« nul ne dote qui ne veut ; » et le législateur s'est expliqué
deux fois à ce sujet, afin qu'il n'y eût plus de doute, et
pour consacrer ce principe toujours reconnu même par nos
anciens auteurs, que la loi 19, **D.** *de rit. nupt.*, n'est plus observée parmi nous, et que l'établissement constitue non pas
le payement d'une dette naturelle reconnue par la loi, mais
une libéralité ou une avance.

Il importe donc de distinguer ce qui a été employé pour
l'établissement, d'avec ce qui l'a été pour l'éducation ou
l'apprentissage, car l'un est rapportable et l'autre ne l'est
pas. L'éducation et l'apprentissage ont pour but de procurer
un établissement, mais ils ne le procurent pas ; l'établissement est une chose positive, le reste est un acheminement.

Les frais de doctorat ne seront pas rapportés, mais il
faudra rapporter l'office qui a été transmis entre-vifs. Du
reste, ce rapport ne se fait qu'en moins prenant. Jadis on regardait les offices comme immeubles, et cependant on n'en
exigeait que le prix, car c'était un moyen de conserver la
splendeur du nom et de parer à l'indécence qu'il y aurait de
voir un officier se démettre de son office pour le rapporter.
Les mêmes motifs militent encore pour la même décision ;
mais le prix sera celui de la valeur de l'office au jour de
l'ouverture de la succession.

2° *Dettes, avances.* — L'art. 851 parle de dettes, mais
seulement de celles qui ont été acquittées *animo donandi.*
Cette distinction semble contraire à l'art. 829, qui oblige
l'héritier à rapporter les sommes dont il est débiteur ; mais il
faut écarter cet article, car il ne prévoit pas le rapport d'une
libéralité, mais le payement d'une dette, à tel point que l'héritier débiteur ne pourrait pas se soustraire à cette obligation
en renonçant, et il pourrait opposer à ses cohéritiers le béné-

fice d'un terme ; et si Pothier lui-même a suivi sur ce point
une opinion trop générale, la haute raison de Domat a cru
devoir protester et rappeler 'es vrais principes dans cette
règle (1): « On ne doit pas comprendre dans notre matière
» du rapport des biens ce qu'un héritier pourrait avoir de
» l'hérédité à quelque autre titre que de donation, comme
» s'il était débiteur d'une somme que le défunt lui eût
» prêtée. »

S'il y a doute sur la nature du contrat, ce sera des termes
de l'acte, et, à défaut, des circonstances, que l'on décidera
que le défunt a entendu faire une libéralité ou un prêt.

§ IV.

De la perte de la chose sujette à rapport.

L'héritier donataire st aussi dispensé de rapporter l'immeuble qui a péri par cas fortuit. Le résultat eût été le même
pour les cohéritiers, s il était resté entre les mains de leur
auteur.

Si le cas vraiment fortuit n'avait amené que la diminution
de la chose, le rapport porterait sur ce qui aurait survécu :
Species debita solvi debet qualis est (2).

La perte du mobilier ne libère pas de l'obligation du rapport.

(1) Domat, Lois civiles, 2ᵉ p., l. 2, t. 4, s. 1, n° 2.
(2) Sous l'ancien droit, quand le débiteur d'une rente foncière
déguerpissait, l'héritage devait être rapporté et l'enfant donataire
ne pouvait pas prétendre retenir l'héritage en offrant de continuer
la rente foncière ou de payer le prix du rachat. — Pothier en
donne pour motif que si la rente n'eût pas été donnée, le déguer-
pissement aurait profité au donateur.

La femme doit le rapport intégral de la dot qui lui a été
constituée, dans le cas même où cette dot a péri, soit en partie
soit en totalité, par l'effet de l'état d'insolvabilité dans lequel son mari est tombé. Mais sous le régime dotal, si, à
l'époque de la constitution de la dot, le mari était insolvable
et n'avait ni métier ni profession, le rapport ne serait dû que
de l'action en restitution que la femme pourrait avoir soit
contre lui, soit contre sa succession.

§ V.

Des fruits de la chose sujette à rapport.

Quand la donation consiste dans un usufruit ou une rente
perpétuelle ou viagère, le donataire ne doit que le rapport de
l'objet donné; il peut réclamer les fruits ou intérêts auxquels
il aurait eu droit du vivant du donateur, et ses cohéritiers ne
pourraient pas demander le rapport des fruits ou intérêts
déjà perçus, car ce qu'il doit rapporter, c'est le titre, la cause
génératrice des fruits ou des intérêts.

C'est en effet un principe de notre droit que les fruits ou
intérêts des choses sujettes à rapport ne se rapportent pas.
Le motif en est aisé à comprendre : si le défunt les avait perçus, il les aurait dépensés, *lautiùs vixisset*, et on présume que
s'il est forcé de les rembourser il sera forcé de faire une brè-
che à ses capitaux. Mais le droit aux fruits ne dure pas plus
que le droit à la chose. Aussitôt l'ouverture de la succession,
il n'a plus le droit de les percevoir, et s'il les perçoit, il doit
les rendre : il ne peut pas les faire siens, car il est nécessai-
rement possesseur de mauvaise foi; c'est une des conséquences de la saisine.

CHAPITRE V.

Le rapport se fait de deux manières (868), en nature ou en moins prenant. Il est réel ou fictif. Il est réel, *en nature*, quand la chose même est replacée *in individuo*, *in specie*, dans la masse, pour être partagée entre tous les cohéritiers. — Il est fictif, *en moins prenant*, quand les cohéritiers auxquels le rapport est dû prélèvent sur la masse la valeur de ce qui a été donné à leur cohéritier.

Jadis, dans les coutumes d'égalité précise, le donateur, ne pouvant pas dispenser du rapport l'enfant donataire, ne pouvait pas lui permettre de retenir l'héritage donné en en rapportant la valeur ; on disait que c'était troubler l'ordre de choses établi par la volonté de la loi (1) : *Privatorum pactis jus publicum nec lædi, nec minui potest.*

Dans d'autres coutumes, cela était permis ; il y en avait même qui permettaient au donataire de substituer à l'héritage le prix qu'il valait lors de la donation (2).

Aujourd'hui, la loi permettant au donateur de dispenser entièrement du rapport, il n'est pas douteux qu'il lui soit permis d'autoriser à ne rapporter qu'une somme d'argent au lieu de l'héritage. S'il ne l'a pas fait, il faudra se soumettre aux règles suivantes, règles positives et qui préviennent tout arbitraire.

Ces règles varient selon la nature des objets donnés.

(1) Papon, Arrêts, l. 21, t. 7, art. 1.
(2) Sens, 267; Auxerre, 225.

§ Ier.

Rapport des immeubles. — Effets du rapport en nature.

No 1.

Le rapport des immeubles se fait tantôt en nature, tantôt en moins prenant.

« Il peut être exigé en nature, à l'égard des immeubles,
» toutes les fois que l'immeuble donné n'a pas été aliéné
» par le donataire, et qu'il n'y a pas dans la même succes-
» sion d'immeubles de mêmes nature, valeur et bonté dont
» on puisse former des lots à peu près égaux pour les autres
» cohéritiers (859). »

« Le rapport n'a lieu qu'en moins prenant, quand le do-
» nataire a aliéné l'immeuble avant l'ouverture de la suc-
» cession ; il est dû de la valeur de l'immeuble à l'époque de
» l'ouverture (860). »

Ces deux articles ne doivent pas être séparés ; l'un corrige l'autre. La conséquence du système de l'article 859 serait de faire opérer le rapport en nature toutes les fois que l'on ne rencontrerait pas ces deux circonstances : 1o aliénation de l'immeuble par le donataire ; 2o absence, dans la succession, d'immeubles de mêmes nature, valeur et bonté. Cependant il ne faut pas l'entendre ainsi, car l'art. 860 dit que le rapport n'aura lieu qu'en moins prenant, quand le donataire aura aliéné l'immeuble avant l'ouverture de la succession, sans se préoccuper de savoir si dans la succession il y a d'autres immeubles de mêmes nature, valeur et bonté.

C'était aussi l'opinion de tous les anciens auteurs. L'article 859 ne renferme donc pas d'innovation ; il emploie seulement une particule conjonctive alors qu'il indique lui-même qu'il voulait employer la disjonctive. Nous corrigerons donc ce texte en disant qu'il y a deux cas dans lesquels le rapport ne peut pas être exigé en nature : le premier, quand le donataire a aliéné l'immeuble avant l'ouverture de la succession ; le deuxième, quand il y aura dans la succession des immeubles de valeur, bonté et nature égales à celles de l'immeuble qui a été l'objet de la libéralité (1).

Après avoir ainsi rectifié la lettre de la loi, voyons quels ont été les motifs du législateur.

1° *Immeubles aliénés*. L'aliénation reste valable.— D'après le *summum jus*, il faudrait adopter une toute autre décision. L'héritier n'était pas propriétaire incommutable, son droit était soumis à une condition résolutoire *ex causa antiqua et necessaria*; il ne pouvait donc pas transférer à l'acquéreur une propriété pleine et entière, car la sienne ne l'était pas; mais on a suivi d'autres principes : on a voulu que la vente consentie par un héritier donataire ne pût être attaquée par ses cohéritiers venant au partage. Il y a là, sans doute, une exception aux règles du droit commun ; mais le législateur ne pouvait pas oublier les égards que méritent les possesseurs ; il devait comprendre que nul ne voudrait contracter avec celui qui ne pourrait pas lui transmettre un droit certain, et voilà pourquoi il a défendu une rescision qui serait la cause de troubles considérables. Les choses doivent se passer comme si le bien resté entre les mains du donateur

_____

(1) C'était d'ailleurs ce qui résultait des art. 180 et 181 du premier projet, et je ne sais pas par quelle bizarrerie on en est arrivé à cette rédaction contradictoire.

avait été vendu par lui. C'est là une nouvelle proclamation
de cette pensée générale de notre droit qui tend à consolider
les propriétés entre les mains de ceux qui les possèdent.

Si, au contraire, l'aliénation était postérieure à l'ouverture
de la succession, les mêmes motifs ne se représenteraient
plus, et le rapport serait dû en nature malgré les réclamations des sous-acquéreurs, car ils ont été imprudents d'a-
cheter la chose d'autrui; il ne leur resterait d'autre secours
que d'intervenir au partage, pour voir s'ils ne pourraient pas
faire mettre cet immeuble dans le lot de leur débiteur ou
empêcher le rapport en nature.

2° *Immeubles non aliénés.* — *Rapport en moins prenant.* —
La loi autorise encore le rapport en moins prenant quand il y
a dans la succession des immeubles de mêmes nature, valeur
et bonté dont on puisse former des lots à peu près égaux pour
les autres cohéritiers. Cette faveur est juste. L'intérêt seul est
la mesure des actions, et les cohéritiers n'ont aucun intérêt
sérieux à exiger le rapport en nature. Mais cette disposition
cesserait d'être applicable, si les autres immeubles n'étaient
pas de même avantage, car, pour favoriser le donataire, il ne
faut pas méconnaître les droits légitimes de ses cohéritiers.

De quelque manière que se fasse le rapport, la succession
devra toujours être remise au même état où elle aurait été
trouvée si l'immeuble était resté aux mains du défunt. La
succession ne doit ni gagner ni perdre à cette circonstance
que le donataire a gardé ou a aliéné l'immeuble, et elle re-
cevra toujours l'immeuble ou sa valeur au jour de l'ouverture de la succession.

Cette époque d'appréciation n'a pas toujours été la même.

Les assises de Jérusalem prenaient le moment du partage;
Pothier choisissait aussi ce moment. Mais la controverse
était grande. Le projet du Code n'en parlant pas , ce fut M.
Tronchet qui prit l'initiative, et il proposa le choix entre le
prix de la vente et la valeur de l'immeuble au moment du
partage; cette dernière évaluation lui parut la plus juste. Le
conseil rechercha une époque moins arbitraire, et choisit le
moment de l'ouverture de la succession (1).

Il sera donc inutile d'apprécier le prix de l'immeuble au
moment de la donation, car on ne se décide que d'après la
valeur actuelle que présenterait l'état dans lequel il était au
moment de la donation.

Par le même motif, l'héritier ne sera pas recevable à
rapporter le prix pour lequel il a vendu l'immeuble donné.
Il serait souvent tenté de dissimuler une partie de la vente,
et de s'approprier ainsi l'excédant de ce qu'il aurait jugé à
propos de faire porter dans l'acte. Nous excepterons cependant le cas où l'aliénation aura été la suite d'une expropria-
tion forcée pour cause d'utilité publique , ou d'un réméré
auquel était soumis son auteur, ou d'une cause indépen-
dante de sa volonté. Alors ce serait presque le cas de l'article 855,et il ne devra que ce qu'il pourra conserver, car les
choses se seraient passées de la même manière, si le bien
était resté entre les mains du donateur.

De ce principe il résulte également que l'immeuble rapporté en nature doit l'être avec toutes ses détériorations ou
améliorations naturelles, antérieures ou postérieures à l'ouverture de la succession, sans indemnité pour le donataire

(1) C'était l'opinion de Duplessis, t. des Suc., et de Valin, t. 3,
n° 198.

ou de sa part. Si le rapport a lieu en moins prenant, ces
améliorations ou détériorations antérieures à l'ouverture de
a succe ssion restent pour le donataire, car elles sont un ac-
cessoire de l'immeuble ; mais elles entrent dans l'estimation,
et augmentent ou diminuent la somme à rapporter ; quant à
celles qui arrivent après l'ouverture de la succession, elles
ne changent en rien l'obligation où il était de rapporter la
valeur représentative de l'immeuble au moment de l'ouverture de la succession.

La réciproque est également vraie, et les cohéritiers ne
pourront pas profiter des augmentations que le donataire
aura faites à ses frais, mais ils pourront lui demander compte
des dégradations qui proviendront de son fait.

Cette appréciation, d'après quelle époque devra-t-elle être
faite ? Pour estimer la valeur des immeubles, on se place
à l'époque de l'ouverture de la succession. Pour estimer les
impenses, l'art. 861 nous dit qu'on se place à l'époque du
partage ; mais il est évident que ces mots ont été laissés par
inadvertance. Après avoir si raisonnablement détruit l'ancienne règle, on ne pouvait pas la laisser subsister pour ce
que j'appellerai le même cas, car entre l'appréciation du
fonds et l'appréciation de ses améliorations, il y a une union
évidente.

L'époque d'appréciation est la même quand le rapport se
fait en moins prenant.

« Si le donataire a aliéné volontairement, il doit rappor-
» ter le prix de l'héritage au moment du partage, soit qu'il
» soit plus considérable, soit qu'il soit moindre que celui
» pour lequel il l'a vendu ; sous la déduction néanmoins
» des impenses faites soit par lui avant l'aliénation, soit
» par ses successeurs depuis qu'il l'a aliéné, et à la charge

» de faire par lui raison des dégradations faites par sa faute
» ou celle de ses successeurs (1). »

M. Chabot dit, en expliquant la même idée : « Les acqué-
» reurs demeurent étrangers à cette opération, qui ne doit
» être faite qu'entre les cohéritiers, et qui ne change rien
» à leurs conventions avec le donataire qui a consenti la
» vente. »

Leurs faits deviennent personnels au donataire au moment du rapport. Cette règle pourra amener des résultats
bizarres : peut-être le donataire sera obligé de payer un
prix supérieur à celui de la vente, ou bien on le verra recevoir le prix de dépenses qu'il n'aura pas faites, et s'enrichir
du fait d'autrui, comme aussi on pourra le voir subir les
conséquences contraires et réparer des dommages qu'il
n'aura pas causés. Mais tout cela, c'est la conséquence lo-
gique de ce principe que le rapport est dû malgré l'aliénation faite par le donataire ; et après l'avoir adopté, il fallait
bien le suivre dans cette conséquence, que l'aliénation ne
peut nuire ni profiter à la succession. Or, la succession a
droit à l'immeuble d'après son état au moment de la donation et sa valeur au moment de l'ouverture de la succession ;
mais si elle ne peut prendre rien de plus, elle ne peut
pas être privée de moins ; alors elle remboursera les impenses,
et elle se fera tenir compte des détériorations, quel qu'en
puisse être l'auteur.

Des comptes devront donc être faits entre les héritiers et
le donataire qui rapporte.

Il faudra tenir compte à ce dernier : 1° des impenses utiles,
mais seulement jusqu'à concurrence de la plus-value exis-
tant au moment de l'ouverture de la succession ; 2° des

(1) Pothier.

impenses nécessaires en totalité, indépendamment de toute plus-value.

De son côté, le donataire devra tenir compte des dégradations ou détériorations résultant de sa volonté ou de sa négligence.

Quant aux impenses d'entretien ou de pur agrément, elles restent à la charge du donataire.

Pour sûreté des remboursements qu'il peut exiger, l'héritier donataire a le droit de retenir la possession du bien sujet à rapport jusqu'au payement effectif des sommes qui lui sont dues.

Les coutumes d'Orléans (306) et de Paris (305) autorisaient le donataire à ne rapporter que la valeur de l'immeuble, et le dispensaient du rapport en nature quand ses cohéritiers étaient en retard de lui rembourser les sommes qui lui étaient dues pour impenses ou améliorations, et Pothier disait qu'il n'avait que ce moyen de rétention pour amener ses cohéritiers à remplir leurs obligations.

Nos législateurs n'autorisent pas l'héritier à se prévaloir de ce retard pour rapporter en moins prenant, quand il doit rapporter en nature; ils ont seulement autorisé le droit de rétention accordé à tous ceux qui ont été condamnés à délaisser. C'est l'application de ce principe d'équité que, lorsqu'il s'agit de conventions réciproques et synallagmatiques, l'une des parties ne peut contraindre l'autre à s'acquitter de ses obligations avant d'avoir complétement rempli les siennes.

Le donataire est un véritable créancier gagiste; il est nanti, il est possesseur, il n'a que le droit de jouir, et ne peut exercer aucun des droits de propriété (2085). Il percevra les fruits, à la charge de les imputer sur les intérêts qui lui sont dus à partir du jour du partage, et sur le capital de sa créance ; mais ce n'est qu'une faculté, et il peut contraindre ses cohéritiers à payer leur dette. De même, il n'y peut voir qu'une garantie, et il n'aura pas le droit de prolonger la rétention ; aussitôt qu'on lui offrira le payement, il sera tenu de l'accepter.

Nous pensons que le même motif d'équité permettrait aux cohéritiers de retenir la part héréditaire de celui qui ne réparerait pas les dégradations.

N° 2.

Effets du rapport en nature.

Dans l'ancienne jurisprudence, Valin, t. 3, p. 210 ; Bacquet, Des droits de justice, ch. 21, n° 156, « le créancier de » debte précédente le partage ne se peut addresser qu'au lot » advenu à son débteur. » Louet, Renusson, Henrys, Bretonnier, et une foule d'autres auteurs, soutenaient la doctrine que Pothier résume en ces termes :

« Lorsque le rapport (1) se fait en moins prenant, et pa- » reillement lorsque l'héritage rapporté à la masse est tombé » dans le lot de celui qui l'avait rapporté, le rapport n'est » que fictif ; l'héritage rapporté n'en est pas moins censé » avoir toujours continué d'appartenir à l'enfant à qui il » avait été donné.

» Le rapport est réel quand l'héritage rapporté tombe dans » le lot de quelqu'un des cohéritiers de celui qui l'a rap- » porté ; celui dans le lot duquel il est tombé n'est pas censé

(1) Intr. à cout., t. 17, n° 95.

» le tenir de celui qui l'a rapporté, mais du défunt à la suc-
» cession duquel il a été rapporté. C'est pourquoi il succède
» sans aucune charge, servitude ou autres droits qu'y aurait
» pu imposer celui qui l'aurait rapporté. »

Tous ces droits s'évanouissent par le rapport réel de l'héritage, car celui qui les a imposés, n'étant propriétaire de l'héritage qu'à la charge du rapport, n'a pu donner plus de droits
qu'il n'en avait lui-même. (L. 54 *D. de reg. juris.*)

Lebrun ajoutait : « Dans les coutumes de vest, les hypo-
» thèques ne passent pas *ipso jure* sur les immeubles que le
» débiteur prend dans son lot. » *Sic* d'Argentrée. —Et Valin,
n° 215 : « Tout ce que peuvent faire les créanciers en pareille
» occurrence, c'est de signifier aux cohéritiers de leur débi-
» teur qu'ils entendent prendre connaissance du partage à
» faire, et que le partage ne se fasse qu'avec eux, leur déclarant
» qu'à cette fin ils saisissent la part du débiteur et défendent
» de la lui remettre. Alors le partage ne pouvant être fait
» sans eux, il leur est aisé de se pourvoir sur la portion
» assignée à leur débiteur ; mais, faute par eux de prendre
» ces précautions, les cohéritiers de leur débiteur seront à
» couvert de toute recherche de leur part, quand même leur
» débiteur n'aurait retiré que des meubles et les aurait dis-
» sipés. »

Quand l'art. 865 fut présenté au conseil d'Etat, une vive
discussion fut engagée. M. Jollivet et M. Béranger trouvaient
l'article inconséquent ; M. Portalis ne cachait pas ses hési-
tations ; mais les anciens principes des pays coutumiers
triomphèrent (1), et voici comment M. Tronchet les appuya :

Il ne faut pas plaindre les créanciers hypothécaires, car

---

(1) En droit romain, on décidait le contraire, parce que le partage était translatif de propriété.

« chacun doit connaître la situation de celui avec qui il
» traite, et personne n'est reçu à alléguer pour excuse qu'il
» l'a ignorée.— Il ne faut pas tirer une fausse conséquence
» du principe qu'il est permis au donataire d'aliéner; la do-
» nation, en effet, est réputée faite par anticipation de la
» succession; il serait trop rigoureux de retenir dans la
» main du donataire la part héréditaire qu'il a reçue à l'a-
» vance, ce serait l'empêcher d'en profiter pour améliorer
» sa fortune; mais un simple créancier ne peut pas avoir
» plus de droit que son débiteur, et ce n'est pas ici le seul
» cas où la jurisprudence admette un droit de propriété
» conditionnel.— La seule difficulté consiste à savoir si cette
» condition de rapport permet de distinguer entre la vente
» et l'hypothèque; mais, depuis un temps immémorial, il
» est reçu que, quoique le donataire puisse aliéner, il ne
» peut cependant pas hypothéquer.— Cette distinction est
» fondée sur ce que la loi a pu se reposer sur l'affection du
» père pour conserver la légitime aux enfants; la même
» raison de confiance n'existe plus pour l'hypothèque des
» choses données; ici ce n'est plus le donateur, mais le do-
» nataire qui dispose.— S'il fallait opter entre la prohibition
» de vendre et la faculté de vendre entraînant le droit
» d'hypothèque, la prohibition absolue serait préférable. »

Après cette discussion, le droit ancien fut conservé, et avec
justice, car la succession étant devenue créancière de l'immeuble, tel qu'il avait été donné, elle devait le reprendre
franc et quitte des charges que le donataire y avait imposées;
et la faveur qui avait fait maintenir les aliénations ne pouvait
pas faire maintenir les hypothèques.

L'art. 865 consacre pour les créanciers le droit d'intervenir
au partage, pour veiller au maintien de leurs droits, par
exemple, pour empêcher le rapport en nature s'il peut se

faire autrement ; mais rien n'indique qu'il faille déroger
à la généralité des art.· 882 et 1166, et n'accorder ce droit
qu'à ces créanciers hypothécaires qui *fidem debitoris secuti
non sunt*. Si l'art. 865 ne parle que de ces derniers, c'est que
le législateur a été entraîné à cette inadvertance par l'ordre
d'idées dont il s'occupait.

On a agité la question de savoir si la résolution dont parle
cet article pourrait s'appliquer quand les immeubles hypothé-
qués tomberont dans le lot de l'héritier soumis au rapport.
Nous croyons devoir nous ranger du côté de la négative, car
la fiction de l'art. 883 doit être restreinte à sa véritable expression, et ne peut pas être étendue à un cas pour lequel
elle n'a pas été créée.

On s'est aussi demandé si ce mot *charges* pouvait être ap-
pliqué aux concessions d'usufruit ou aux servitudes. Malgré
l'imposante autorité de Pothier, nous le restreindrons aux
hypothèques. La preuve s'en trouverait au besoin dans la
deuxième partie de l'article, qui ne parle ni du cessionnaire
de l'usufruit, ni du cessionnaire de la servitude ; et notre
opinion se confirme surtout de cette observation que, s'il y a
aliénation partielle, il y a véritable aliénation, et dès lors on
retombe dans le cas de l'art. 860.

§ II.

Du rapport des meubles, des rentes et de l'argent comptant.

Rapport du mobilier.—La dépréciation si rapide des objets
mobiliers a fait établir des règles spéciales pour le rapport
qui doit en être fait.

Les anciens auteurs présentaient sur ce point des systè-
mes bien différents.

Duplessis, l. 6, ch. 6, sect. 3, et Lebrun, l. 5, ch. 6, sect. 3, 54, distinguaient entre les meubles qui ne sont pas de nature à se détériorer par l'usage, comme les diamants, les effets d'or et d'argent, les perles, etc., et ceux qui dépérissent par l'usage et le temps, comme les vêtements et les meubles meublants. Ils enseignaient que le rapport de ceux de la première espèce devait se faire en nature ; à l'égard des autres, il n'était dû que de leur valeur à l'époque du partage; on supputait la détérioration qu'ils avaient dû éprouver et qui eût diminué leur valeur s'ils étaient restés entre les mains du donateur.

Ferrières (sur Paris, a. 506) permettait de rapporter indistinctement tous les meubles en nature, ou d'après leur valeur au temps du partage, parce que le donataire avait eu le droit de s'en servir durant la vie du donateur, et que, de même qu'il aurait perçu les fruits d'un héritage sans être obligé de les rapporter, de même il a dû pouvoir se servir des meubles, sans être responsable de leur dépérissement.

Pothier (1) disait : « Lorsque ce sont des meubles qui ont » été donnés, ce n'est point des choses en nature dont le rap- » port est dû, mais de la somme qu'ils valaient au moment » de la donation (2). »

Toutes ces opinions ont été reproduites au conseil d'Etat, séance du 25 ventôse an XI.

M. Regnault adoptait l'avis de Duplessis et de Lebrun. M. Malleville voulait apprécier la valeur des objets au temps de l'ouverture de la succession. Mais l'opinion de Pothier devait encore l'emporter, et c'est à M. Tronchet qu'il était

(1) Succession, c. 6, art, 4, al. 7. — Introd., no 90.

(2) Conf. Bourjon. — Arrêt 9 décembre 1653, cité par Basnage; Valin, n° 194.

réservé de la faire prévaloir. Il démontra au conseil qu'il
était juste de suivre des règles différentes pour les meubles
que pour les immeubles.

« Ceux-ci, dit-il, ne sont pas diminués par la jouissance;
» au contraire, l'usage est la seule jouissance qu'on puisse
» tirer des meubles, et cette dégradation, non-seulement elle
» est au profit du donataire, mais encore elle est son fait, et
» il est convenu qu'il doit tenir compte des dégradations
» qu'il cause à la chose donnée. » Enfin il ajouta une con-
sidération également vraie dans son principe et détermi-
nante dans ses conséquences : « c'est que les meubles sont
» donnés en pleine propriété, et que, suivant la maxime
» *res perit domino,* le donataire doit en supporter la dimi-
» nution comme il en supporterait la perte. »

L'article fut adopté en ces termes :

« Le rapport du mobilier ne se fait qu'en moins prenant;
» il se fait sur le pied de la valeur du mobilier lors de la
» donation, d'après l'état estimatif annexé à l'acte, et, à
» défaut de cet état, d'après une estimation par experts. »

Le Tribunat se borna à faire ajouter ces mots : à juste
prix et sans crue (1), parce que, « dans les pays où la crue
» est connue, l'expression *juste prix* ne dirait pas assez, et
» dans ceux où elle ne l'est pas, l'addition empêchera qu'en
» aucun temps la jurisprudence ne l'y introduise. »

(1) Un édit de Henri II (février 1556) ayant décidé que si les
meubles n'étaient pas vendus au prix d'estimation, les experts seraient tenus de les prendre au prix fixé par eux, ceux-ci avaient
toujours soin de les estimer au-dessous de leur valeur: de là suivit
l'usage d'ajouter au chiffre de l'estimation un supplément de prix
appelé crue. Les experts n'étant plus garants de leur estimation,
l'usage de la crue se trouve aboli.

Si, dans l'état annexé à l'acte de donation, le mobilier avait été estimé à une somme qui fût inférieure à sa juste valeur, il y aurait un avantage indirect sujet à rapport. En effet, le donataire aurait été obligé de les acheter : *locupletior factus est*, il doit rapporter la somme que la donation lui a épargnée.

Rapport de l'argent (869). — Lorsque la donation consiste dans une somme d'argent le rapport se fait par celui qui a reçu la somme en moins prenant dans les deniers comptants qui se trouvent dans la succession, ou, s'il n'y a pas de deniers comptants, dans les meubles, ou, à défaut de mobilier, dans les immeubles, et si enfin la somme compose toute la fortune du défunt, en la rapportant en entier.

Quelle sera la base de l'estimation? Il rapportera, non pas précisément la même somme numérativement, mais autant qu'il a reçu, *non idem, sed tantumdem*. Autrement, il rapporterait ou plus ou moins qu'il ne lui a été donné, et dans les deux cas il y aurait injustice et inégalité.

Le rapport de l'argent se fait comme celui du mobilier. En conséquence, s'il y a eu variation soit dans la monnaie, soit dans son titre, c'est le moment de la donation qu'il faudra considérer pour déterminer la somme à rapporter. Si la monnaie a été augmentée de valeur depuis la donation, le donataire ne devra rapporter que celle qu'elle avait lorsqu'il a reçu; si elle a diminué, il doit rapporter toute celle qui lui a été donnée effectivement; si elle n'avait qu'une valeur idéale, il ne devra que la valeur réelle qu'elle avait lors de la donation.

Rapport des meubles incorporels. — La controverse qui s'élève sur la manière de faire ce rapport est vive, et son importance est considérable. Si le rapport doit se faire en nature, l'estimation aura lieu au jour de l'ouverture de la

5

succession, pourvu que les dépréciations ne proviennent ni de faute ni de négligence (1), et si la chose périt par cas fortuit, le donataire n'a rien à rapporter. Dans le cas contraire, si le rapport se fait en moins prenant, l'estimation sera celle du jour de la donation, et le donataire en sera débiteur malgré la perte. Cette dernière opinion s'appuie sur l'art. 529, et le syllogisme à en déduire est aisé à construire. Cependant nous ne la suivrons pas.

Les expressions mêmes de l'art. 868 nous montrent qu'il n'a eu en vue que des meubles, qui ne portent pas en eux leur estimation ; et nous trouvons la preuve de la volonté du législateur dans l'art. 1567. Le donataire doit, comme le mari, être tenu quitte en restituant les titres des rentes, dont la perte ou le retranchement ne pourra pas être imputé à sa négligence.

(1) Valin, n° 195.

APPENDICE.

DES OBLIGATIONS ET DES DROITS DES ENFANTS NATURELS·
EN MATIÈRE DE RAPPORT.

Quand une succession est déférée à des héritiers dont la naissance est le fruit d'une faiblesse, la loi, pour manifester avec quelle sollicitude elle cherche à conserver au mariage légitime toute la faveur dont il est digne, et pour réprimer le libertinage, limite d'une manière rigoureuse les droits des enfants naturels sur les biens de leurs parents, et si elle permet quelquefois de diminuer les concessions qu'elle a faites, elle ne permet jamais de les dépasser.

Libéral à l'égard des enfants légitimes, le législateur se montre sévère à l'égard des enfants naturels; il craint tous les mouvements de compassion que peut inspirer la position de ceux qui souffrent de la faute d'autrui, et comme pour augmenter le châtiment des pères (1) en posant des obstacles à leur tendresse, il écarte avec des précautions minutieuses tout ce qui pourrait porter atteinte aux dispositions d'ordre public qu'il a édictées.

C'est sous l'influence de ces idées que le législateur a ordonné aux enfants naturels d'imputer sur ce qu'ils ont droit de prétendre tout ce qu'eux ou leurs descendants ont reçu des libéralités du défunt, et qui serait sujet à rapport d'après l'art. 845 et suiv. Il ne faut donc pas regarder l'imputation

---

(1) *Quia vitium paternum refrenandum est.* L. 12 C. de nat. liber.

comme un moyen de rétablir l'égalité qui semble être le vœu
du défunt, ou comme une question d'intérêt privé abandonné
au caprice du disposant ; c'est plutôt une mesure préventive
établie dans l'intérêt des bonnes mœurs. L'ordre public exige
que le défunt ne puisse exercer sa munificence à l'égard de ses
enfants naturels ; et alors même qu'ils s'abstiendraient de
demander la succession, ils ne pourraient pas retenir le disponible accordé à un étranger, si ce disponible était supérieur
à la fraction à laquelle ils ont été restreints. A leur égard,
pas de dispense possible, et leurs enfants ne sont que personnes interposées.

Quand ils demandent à être envoyés en possession, ils ne
peuvent pas plus que les héritiers légitimes non dispensés du
rapport cumuler leur part avec les biens qu'ils détiennent en
avancement d'hoirie ; mais ils font comme les héritiers donataires de meubles ; ils imputent ou précomptent ce qu'ils ont
reçu sur ce qu'ils ont à recevoir, et leurs descendants, s'ils
les représentent, sont tenus de la même obligation pour tout
ce qu'ils ont reçu personnellement du défunt. C'est la conséquence de leur incapacité de recevoir au delà de la quotité
fixée par la loi ; et il en résulte encore que, pour vérifier s'ils
n'ont pas reçu au delà, il faut se reporter au jour de la libéralité. Cette date fixe le montant de la valeur que l'enfant
naturel doit remettre dans la masse de la succession. Nous
disons remettre, car, si on calculait la masse héréditaire
sans y comprendre les biens donnés à l'enfant naturel,
on exagérerait les justes rigueurs de la loi. L'imputation
est donc un rapport, et il semble que ce mot imputation
n'a été employé que pour conserver la ligne de démar-
cation qui doit séparer les héritiers légitimes des héritiers
naturels. Cette opinion doit être acceptée avec discrétion.
Nous avons indiqué tout à l'heure quelques-unes des diffé-

rences plus que nominales qui distinguent le rapport de l'imputation; mais, à part ces restrictions, il est vrai de dire que
les règles du rapport des objets mobiliers sont applicables à
l'imputation à laquelle sont astreints les enfants naturels.

Quand l'avantage qui leur est adressé résulte d'un testament, ils ne peuvent pas cumuler le legs avec ce qu'ils ont
droit de prétendre, mais ils peuvent l'imputer conformément
aux règles précédentes.

Les enfants naturels sont-ils privés du droit d'exiger le
rapport des héritiers réguliers? L'affirmative a été soutenue;
mais il nous semble qu'il faut se ranger à l'opinion contraire.
Sans doute, on pourrait leur objecter qu'ils ne sont pas héritiers; mais ils répondraient victorieusement que l'art. 857
indique seulement la privation du bénéfice du rapport pour
les créanciers et les légataires, mais qu'il ne parle pas des
enfants naturels; et c'est avec raison, car voici ce que des
dispositions antérieures à cet article ont statué à leur
égard : le droit des enfants naturels est calqué sur celui des
enfants légitimes. Pour régler leur part, il faut en quelque
sorte les supposer légitimes et leur donner des parts propor-
tionnelles à celles qu'ils auraient eues s'ils eussent été légitimes. Alors, dans tous les cas où les enfants légitimes au-
ront le droit d'exiger le rapport, ce droit pourra être exercé
par l'enfant naturel.

QUESTIONS.

1. En droit romain, la légitime devait-elle être prise sur les biens ou sur l'hérédité? — Sur les biens.

2. La novelle 18, c. 6, n'a pas défendu le prélèvement des legs.

3. Conciliation des lois 6 D. de col. bon. et 79 D. de j. dot.

4. Conciliation des lois 13 C. fam. erc. et 12 C. de col.

———

5. Dans les pays de droit écrit, la légitime saisissait-elle? — Non.

6. Les réserves coutumières étaient-elles une quote de l'hérédité? — Oui.

7. Pouvait-on être héritier et légataire en différentes coutumes?—Non, quand on était habile à succéder dans toutes les coutumes.

———

8. La disposition de l'art. 694 est-elle le résultat de la destination du père de famille? — Non.

9. Les habitants d'une commune ne peuvent se prévaloir de l'art. 644 pour contraindre le propriétaire à les laisser passer sur son fonds afin d'aller puiser l'eau dont ils ont besoin.

10. La femme séparée de biens n'est pas présumée renonçant à la communauté.

11. Les œuvres littéraires du mari et de la femme tombent dans la communauté.

12. A quelle succession doit se faire le rapport de la dot ? — Il faut distinguer.

13. Différence entre le rapport et la réduction.

14. En matière de rapport, il faut appliquer la loi du jour de l'ouverture de la succession.

15. L'art. 866 C. N. s'applique à la réduction des libéralités entre-vifs.

16. Faveur accordée par l'art. 924 à l'héritier donataire par préciput qui accepte la succession.

17. L'art. 434 C. P. doit-il être interprété par l'art. 390 du même Code? — Non.

18. Explication de l'art. 257 C. P. C.

19. Droits du trésor sur les biens des comptables.

20. Les formalités de l'art. 42 C. com. peuvent être suppléées à l'acte authentique exigé par l'art. 854.

TABLE.

—

DROIT ROMAIN.

DROIT FRANÇAIS.

INTRODUCTION.

Poitiers, Imp. de A. DUPRÉ.

www.ingramcontent.com/pod-product-compliance
Lightning Source LLC
Chambersburg PA
CBHW071243200326

41521CB00009B/1602